DIE NEUE BREHM-BÜCHEREI

633

Kromfohrländer

Praktische Ratschläge für Haltung, Pflege und Erziehung

2., unveränd. Auflage, Nachdruck
der 1. Auflage von 2003

Wanda Gräfin von Westarp

Inga M. Becker

W
V Die Neue Brehm-Bücherei Bd. 633
Westarp Wissenschaften · Hohenwarsleben · 2006

Mit 70 Abbildungen und 1 Tabelle

Titelbild: Akka vom Eickerhoff und Aika vom Kuhlenmoor (Foto: I. WEIHE).

Grußwort

Viele treue Freunde haben mein Leben begleitet für lange Jahre – auch für kurze Zeit. Sie haben Liebe gegeben und Liebe genommen. Die Treuesten waren stets meine Kromfohrländer-Hunde. Viel Mühe und nicht wenig Arbeit haben die Zucht und Anerkennung gefordert. Unvergleichlich mehr an Freude und seelischer Bereicherung haben sie mir gegeben. Sie füllen auch heute noch mein Leben mit ihrer Zuneigung und Anhänglichkeit. Es sind mehr geworden im Laufe der Jahre. In den ersten Jahrzehnten der Zuchtanfänge führte ich fünf oder sechs Hunde mit mir. Auch nach der Anerkennung der Rasse blieben oft sechs und acht Hunde im Haus. In den siebziger Jahren fand ich Unterstützung und Hilfe von Freunden, die sich der Zucht dieses klugen und treuen Hausgenossen annahmen. Auf Ausstellungen, in Zeitungsberichten und mit Buchveröffentlichungen gelang es, die Kromfohrländer bekannter zu machen.
Es ist mir eine große Freude zu erleben, daß ein größer werdender Kreis von Hundeliebhabern sich dem Kromfohrländer zuwendet. Dieses Buch soll dazu beitragen, das einmalige Wesen des Kromfohrländers deutlich zu machen und ihm im Kreis der Rassehunde den ihm gebührenden Platz zu sichern.

Im Mai 1986   ILSE SCHLEIFENBAUM

© 2006 Westarp Wissenschaften-Verlagsgesellschaft mbH, Hohenwarsleben
http://www.westarp.de

Satz und Layout: Gabi Severin
Druck und Bindung: Druckhaus Laun & Grzyb, Wolmirstedt

Vorwort

Einer freundlichen Anfrage verdankt dieses Buch seine Entstehung: Auf der Internationalen Rassehunde-Ausstellung in Dortmund traf 1984 der Müller Verlag auf die Kromfohrländer. Da nämlich sprach mich Frau C. darauf an, ob ich wohl ein Buch in ihrer Reihe »Dein Hund« schreiben wolle.

Mit Begeisterung machte ich mich sofort an die Arbeit. Von Ostern bis Pfingsten schrieb ich mir dann alles von der Seele, was diesen »bunten Hund« so erstaunlich macht.

Fast war die erste Auflage vergriffen, da gab der Müller Verlag die Buchreihe an den Parey Verlag ab. Nach gutem Zureden legte dieser die zweite Auflage vor, mit neuen Bildern und anderem Layout.

Als nächstes zog die Buchreihe in den Blackwell Verlag um, der für die unveränderte dritte Auflage verantwortlich zeichnete. Jedoch auch hier fand mein Buch keine bleibende Heimat. Es wurde gar die gesamte Hunde-Buchreihe aus dem Programm genommen.

Inzwischen waren auch die letzten Restexemplare vergriffen, ein Neudruck wurde dringend. Da erbot sich der Verlag Westarp Wissenschaften zu helfen. Die dort erscheinende Neue Brehm-Bücherei ist schließlich eine Tier-Buchreihe.

Die Verlegerin konnte INGA BECKER als Ko-Autorin gewinnen, die die Kapitel über Gesundheit und Ernährung neu schrieb. Aus ihrer eigenen züchterischen Erfahrung und dem ständigen Kontakt mit anderen Züchtern und Fachleuten vom VDH heraus ist sie dafür besonders kompetent. Für die Mithilfe bei den Abschnitten über die Kromfohrländer in Finnland und in der Schweiz danke ich SYBILLE NAß und BEAT JOOS.

Mit dieser neuen Auflage wird der Wunsch vieler Interessenten erfüllt, mehr über den »bunten Hund« zu erfahren, als in gelegentlichen Veröffentlichungen zu lesen ist. Ich habe in diesem Buch ein Portrait geschaffen, das den treuen Haus- und Begleithund zeigt.

In vielen Zuschriften und Gesprächen wird mir immer wieder bestätigt, wie zutreffend meine Schilderung ist. Daher wage ich es, mit kleinen Korrekturen ein viertes Mal an die Öffentlichkeit zu treten.

Das Buch erhebt nicht den Anspruch, wissenschaftlich zu sein. Ich schildere einfach den Charakter des Hundes, der so besonders gut den Forderungen des modernen Lebens angepaßt ist: Mit seiner mittleren Größe, seinem bunten Outfit, seiner Gelehrigkeit und seinem fröhlichen Wesen fügt sich der Kromfohrländer in jede Familie ein.

Seit über 30 Jahren bin ich den Kromfohrländern treu und hoffe, dieses Buch wird ihm viele neue treue Freunde schaffen!

Dülmen, im Januar 2003   WANDA GRÄFIN VON WESTARP

Vorwort der Verlegerin

In der Neuen Brehm-Bücherei hat es neben den Bänden über die wild lebenden Tiere aus Nah und Fern immer auch Monographien über Haustiere und sogar die Haustiere der Autoren und Autorinnen gegeben. So verewigte ERNA MOHR neben Wisenten, Seehunden und Fliegenden Fischen z.B. auch ihre Ungarischen Hirtenhunde in einem Band.

Als das Kromfohrländer-Buch meiner Schwiegermutter im vergangenen Jahr heimatlos wurde, entschloß ich mich, ihm in der NBB ein neues Zuhause zu geben. Nun ist die Kromfohrländerzucht ein reines Hobby, wenn auch mit viel Verantwortung und Aufwand betrieben, und vergleichsweise jung zumal. Es gibt kaum wissenschaftliche Arbeiten über diese Rasse, und so hat das Buch einen populäreren Charakter als es Stammleser der Buchreihe vielleicht gewöhnt sind. Aber dieses Buch ist eben, wie andere unserer Artenmonographien auch, das einzige zum Thema. Und so soll es sich in die Neue Brehm-Bücherei einreihen.

ELEONORE GRÄFIN VON WESTARP

Inhaltsverzeichnis

Rassezuchtverein der Kromfohrländer e.V.
Sitz Siegen

Mitglied des Verbandes für das Deutsche Hundewesen e.v. (VDH), Dortmund und
der Fédération Cynologique Internationale (F.C.I.). Thuin (Belgique)

Auf Initiative der Begründerin der Rasse, ILSE SCHLEIFENBAUM, wurde der Rassezuchtverein der Kromfohrländer e.V. im Jahre 1955 gegründet.

Der satzungsgemäße Auftrag ist die Reinzucht der Kromfohrländer. Die Vereinsführung strebt die Zucht von typgerechten, gesunden und wesensfesten Hunden in einer reinen Hobby-Zucht an. Modeströmungen oder dem stärker werdenden Nachfragedruck wird nicht durch forcierte Zucht nachgegeben.

Seit den neunziger Jahren nehmen die Anträge auf Vereinsmitgliedschaft sprunghaft zu. Im Jahr 2003 überschreitet die Zahl der Mitglieder die Tausendergrenze. Der Verein agiert zentral für das ganze Bundesgebiet. Vorstandschaft und Funktionsträger kommen aus allen Teilen Deutschlands und treffen sich regelmäßig zu Arbeitssitzungen. Die vereinsinterne Mitgliederzeitung »wuff« wird in Eigenarbeit erstellt und drei- bis viermal jährlich an die Mitglieder versandt.

Das Vereinsleben ist recht lebendig und spiegelt sich in zahlreichen überregionalen Treffen, speziellen Zwingertreffen, gemeinsamen Wanderungen, Sonderschauen bei Ausstellungen sowie den gut besuchten Zuchttauglichkeitsprüfungen wieder.

Auch wenn die Zahl der Neuzüchter stetig steigt, ist bei Interesse an einem Welpen mit einer gewissen Wartezeit zu rechnen. Ein »Aktueller Züchternachweis« wird für Deutschland zentral verwaltet und dient Interessenten als erste Kontaktstelle.

Alle Funktionsträger des Rassezuchtvereins der Kromfohrländer e.V. arbeiten ehrenamtlich. Da es sich ausschließlich um Privatpersonen in wechselnder Besetzung handelt, verzichten wir an dieser Stelle auf die Veröffentlichung von Namen, Adressen oder Telefonnummern.

Die aktuellen Ansprechpartner und Informationen sind im Internet auf der vereinseigenen Homepage zu finden unter: www.kromfohrlaender.de

Der Dachverband unseres Rassehundezuchtvereins ist der Verband für das Deutsche Hundewesen, kurz VDH.
Anschrift: VDH ; Postfach 104154 ; 44041 Dortmund
EMail: info@vdh.de
Internet: http://www.vdh.de

Die Internetseite bietet Links zu den einzelnen Rassezuchtverbänden und deren Welpenvermittlungen.

1 Die Geschichte des Kromfohrländers

Abstammung

Die Geschichte des Kromfohrländers geht nicht in graue Vorzeit zurück. Er ist auch nicht das Produkt genetischer Ambitionen. Der Kromfohrländer ist das glückliche Ergebnis einer Zufallspaarung. Es sei erlaubt, das Wort Zufall dahin zu erweitern, daß es Sympathie und Gleichklang ausdrückt. Diese harmonische Schwingung prägt das Wesen des Kromfohrländers.

Er wurde geboren im Jahre Null, id est 1945. Da streunte ein struppiger, schmutziger Hund halbverhungert durch die Wälder des Siegerlandes in Forst und Gemarkung Kromfohr. Noch heute findet sich der alte Flurname auf Meßtischblättern jener Zeit.

Hier traf ihn ILSE SCHLEIFENBAUM und nahm ihn auf. Er war von einem amerikanischen Laster gesprungen. Amerikanische GIs hatten ihn als Maskottchen auf ihrem Vormarsch ostwärts mitgeführt. Als er nun gesäubert und gefüttert war, konnte man ihn in Muße studieren. Er war eindeutig ein Griffon, ein französischer Drahthaar-Vorstehhund.

In einem Hundestammbuch des Griffonclubs aus dem Jahr 1905 findet sich das Bild des Griffonrüden Zillo-Helmhof mit der richterlichen Beurteilung »... sofort bekommt man den Eindruck eines erstklassigen Hundes ...«. Er wird als »weiß mit braun« beschrieben, also weißes Haarkleid mit braunen Abzeichen an Kopf und Körper.

Der Begiff Griffon ist für uns etwas vieldeutig. Hier ist der Griffon vendée gemeint und nicht der belgische Griffon, den der Brockhaus den Zwerghunden zuordnet. Er findet sich entlang der gesamten atlantischen Küste Frankreichs in unterschiedlichen Größen und meist weißhellbraun. Das Wort Griffon ist gälisch und bedeutet eigentlich nur »der Kraushaarige«.

Abb. 1: ILSE SCHLEIFENBAUM und ihre Hunde (Foto: Archiv).

Der Ur-*Peter*

Peter oder, genauer, der Ur-*Peter* war ein angenehmer Hausgenosse, doch nicht dadurch wurde er berühmt. Seine Karriere begann, als er die Foxin von nebenan besprang. Die Foxterrierhündin war schon eine ältere Dame, sie soll 18 Jahre alt gewesen sein, als sie den Wurf nach *Peter* brachte. Sie war der Typ jenes Foxls, der die »Stimme seines Herrn« so bekannt gemacht hat. Man erinnert sich an das Bild mit dem großen Grammophontrichter, vor dem andächtig lauschend ein Foxterrier sitzt. Die allerliebsten Welpen aus diesem Wurf wurden in einem altertümlichen, gemauerten Backofen großgezogen, der beheizbar war. Wie schwierig war es damals, so kurz nach dem Krieg. Alle Menschen lebten behelfsmäßig. Auch die Familie SCHLEIFENBAUM hauste nur notdürftig. Die Hundchen großzuziehen war nicht einfach, und sie in gute Hände zu verschenken erforderte Mühe. Dem ersten geglückten Wurf folgten weitere. Auch die folgenden Jungen wiesen gleiche Merkmale auf.

ILSE SCHLEIFENBAUM erkannte das Besondere an dieser neuen »Art«. Hier war ein Hund, der mit keiner anderen Rasse zu vergleichen war. Elegant, mittelgroß, lebhaft, treu und gelehrig. Und robust war er, oder wie man heute sagt: »pflegeleicht«. Sonst hätte er in der damaligen Zeit keine Überlebenschance gehabt.

Abb. 2: Ur-*Peter* mit Wurf 1956 (Foto: Archiv).

Eine deutsche Hunderasse

ILSE SCHLEIFENBAUM beschloß, neben Kindererziehung und Nachkriegs-
aufbau diese Hunde als Rasse durchzuzüchten. Sie nahm Verbindung auf
mit OTTO BORNER. Die beiden bildeten ein interessantes Team. ILSE
SCHLEIFENBAUM hatte Energie und das Feingefühl des Künstlers. OTTO
BORNER besaß die Erfahrung. Herkommend von der Tauben- und
Kaninchenzucht war er leidenschaftlicher »Hundemann«. Aus den ver-
bliebenen Trümmern half er in leitender Stelle, den Verband für das

Deutsche Hundewesen zu reorgani-
sieren. Seine Verdienste auf diesem
Gebiet können hier nicht erörtert
werden. Sie sind weltweit bekannt.

Sein Einsatz für den Kromfohrländer
ermöglichte erst die Anerkennung
dieser neuen deutschen Rasse durch
die F.C.I., die Fédération Cynologique Internationale.

Abb. 3: ILSE SCHLEIFENBAUM mit *Senta* (Foto:
Archiv).

Der Weg zur Anerkennung

Bis dahin war es ein weiter Weg. ILSE SCHLEIFENBAUM fürchtete keine
Kritik und scheute keine Mühe. Zeitweilig begleiteten zehn Hunde ihren
Mann auf seinen Waldgängen; die Ehefrau OTTO BORNERs hegte und
pflegte bis zu 14 Kromfohrländer in ihrem kleinen Einfamilienhaus.
Käufer für die unbekannte Rasse gab es nicht, die Junghunde mußten
verschenkt werden. Unmöglich konnte man alle behalten.

Um die Rasse bekannt zu machen, wurden Hundeausstellungen besucht.
Dahin mußten die Hundebesitzer transportiert werden, sie mußten
beköstigt und logiert werden. Auf den Schauen gab es Beifall und auch
Gelächter über diese lustigen bunten Neulinge.

Abb. 4: Die Anerkennungsgruppe (Foto: Archiv).

Bei Züchtern und Hundefachleuten weckte das kynologische Experiment großes Interesse. Aus einem einzigen Paar sollte in ständiger Inzucht eine gesunde Rasse resultieren? Prof. WEGNER, Hannover, ist skeptisch wegen der Inzucht: »Wehe dem Inzest!« Aber, wie GRAF WESTARP sagte: »Was nicht drin ist in der Erbmasse, kann auch nicht rauskommen.«

Die Erbanlagen von Hunden sind vielfältig, und wir heutigen Züchter müssen dem besondere Aufmerksamkeit widmen. Prof. RÄBER, Schweiz, wies auf die Tatsache hin, daß der glatte Foxterrier auch schon mehrere Blutlinien führt, zum Teil von englischen Foxen und zum Beispiel auch vom Beagle.

Die Anerkennung

Endlich gelang es im Jahr 1955, mit dem Nachweis der Einheitlichkeit der Würfe in Erscheinungsbild und Wesensart, die internationale Anerkennung als neue deutsche Hunderasse zu erhalten.

Der Zwinger *vom Wellersberg* von ILSE SCHLEIFENBAUM und der Zwinger *vom Lenneberg* von OTTO BORNER waren damit amtlich.

Das Wort Zwinger ruft eine Vision von Drahtgittern im Freien mit Nässe und Kälte hervor. Es bedeutet aber lediglich, daß unter einem vom Hundeverband geschützten Namen gezüchtet wird. Die Kromfohrländer werden nicht in Freilandzwingern aufgezogen. Sie wachsen im Haus auf mit ständigem menschlichen Kontakt, den sie unbedingt brauchen, um ihre spezifischen Eigenschaften voll entwickeln zu können.

Abb. 5: OTTO BORNER und ILSE SCHEIFENBAUM (Fotos: Archiv).

Kromfohränder in Finnland

Nur in wenigen Ländern außerhalb Deutschlands werden Kromfohrländer gezüchtet – um so mehr mag es verwundern, warum gerade Finnland das zweitgrößte Zuchtland dieser Rasse ist, liegt dieses Land nicht gerade in der Nachbarschaft.

So wie beim Kromfohrländer der Zufall Schicksal gespielt hat, ergab es sich durch einen ebensolchen, daß die finnische Widerstandskämpferin MARIA AKERBLOM sich zu einem Besuch in Deutschland befand und durch ILSE SCHLEIFENBAUM auf deren Rassehunde stieß. Daß sich MARIA AKERBLOM für diese neue, deutsche, gerade erst anerkannte Rasse interessierte, ist allerdings kein Zufall, denn in Finnland war sie bereits als Hundezüchterin bekannt (u. a. Deutsche Doggen).

Abb. 6: *Lurvendhalis Galadriel* (Foto: S. NAß).

So erwarb sie von ILSE SCHLEIFENBAUM *Nisba vom Wellersberg*, von OTTO BORNER *Blaeki* und *Dirk vom Lenneberg* und aus dem Zwinger von OTTO BORNERs Tochter *Astrid* und *Alex von Mazeppa*.

Auf diesem Grundstock baute sich die finnische Zucht von MARIA AKERBLOM auf. Unter dem Zwingernamen *av Ros Loge* wurde 1962 der erste finnische Kromfohrländer-Wurf registriert. Ende der sechziger Jahre wurden jährlich bereits um die 40 Welpen eingetragen, 1972 stieg die Zahl auf 55 Welpen an. 1972 zog auch TIINA KOPONEN unter dem Zwingernamen *Krumme Furche* ihren ersten Wurf auf.

Es folgten Jahre der Stagnation. Bis 1978 sank die Zahl auf rund 20 Welpen pro Jahr. 1979 fielen ausnahmsweise im Zwinger *av Ros Loge* fünf Würfe aus fünf verschiedenen Hündinnen mit den Vätern *Briard* und *Marius av Ros Loge*. Die weiteren Jahre unterbrachen den negativen Verlauf der Welpeneintragungen nicht. 1990 wurde kein einziger Kromfohrländerwelpe ins finnische Zuchtbuch eingetragen.

Eine der Ursachen dafür war der erschwerte bzw. völlig unterbundene Austausch mit anderen Züchtern auf Grund einer finnischen Quarantänevorschrift, die einen sechsmonatigen Verbleib des im Ausland erworbenen Hundes im Quarantänezwinger beinhaltete.

Als Zuchtland hat Finnland sehr viel mehr Ähnlichkeit mit England und
Amerika als mit dem Ursprungsland der Kromfohrländerzucht, Deutschland. Die finnische Hundezucht wird auf Ausstellungserfolgen begründet.
In den siebziger Jahren bildete sich ein eigener Interessenverband. Er
setzte sich mit Vertretern der kynologischen Dachorganisation und
Richtern für Kromfohrländer zusammen und man entschied gemeinsam,
wie mit der Varietätenvielfalt der Kromfohrländer umzugehen sei. Der
von ILSE SCHLEIFENBAUM angestrebte ursprüngliche, rauhe Typ sollte
herausgezüchtet werden. Obwohl also sowohl rauhe, als auch kurze und
langhaarige Varietäten bei der Zucht auftraten, wurde durch Umsetzung
dieses Beschlusses ganz gezielt eine einzige Varietät gefördert, ein Bild,
das sich in Finnland bis heute erhalten hat.

In Finnland können Würfe sowohl mit als auch ohne Zwingernamen
eingetragen werden. Züchter, die von vornherein wissen, daß sie nicht
mehr als ein oder zwei Würfe aufziehen möchten, können ihre Kromfohrländerwelpen unter deren Eigennamen registrieren lassen, wobei auch die
Namen im Gegensatz zu den deutschen Eintragungen nicht mit dem
selben Buchstaben beginnen müssen. Selbst wenn man in Finnland einen
Zwingernamen eingetragen hat, heißt dies nicht, daß beim ersten Wurf
alle Welpen mit einem A-Namen eingetragen werden müssen.

Abb. 7: Ein finnisches Agility-Wettkampfteam (Foto: S. NAß).

Seit 1992 stiegen nicht nur die Eintragungszahlen der Welpen wieder, sondern auch die Mitgliederzahl des finnischen Vereines. So wurden 1999 bereits wieder 49 Welpen ins Zuchtbuch eingetragen und der Verein zählte 151 Mitglieder.

Nach wie vor sind die finnischen Hunde durch ein sehr einheitliches Bild der rauhen Varietät gekennzeichnet. Gefördert wird dieses auch durch die entsprechende Schulung der Kromfohrländerbesitzer bezüglich der korrekten Pflege des Haarkleides. Oft geschieht das anläßlich des einmal im Jahr stattfindenen Camps. Dieses Treffen findet alljährlich in einer Freizeiteinrichtung an einem See statt, und über drei Tage bestimmen nur Kromfohrländer das Bild. 2002 haben über vierzig Kromfohrländer mit ihren Familien dort das Wochenende verbracht, die Tage ausgefüllt mit unterschiedlichsten Aktivitäten.

Die Schweizer Kromfohrländer

1970 kaufte HARRY G. WIRTH die Hündin *Alfa vom Sengenholz* in Deutschland. *Alfa* war der erste Kromfohrländer in der Schweiz. Ein Jahr später kamen der Rüde *Kyros av Ros-Loge*, ein Kromfohrländer aus finnischer Zucht, und noch andere Importe aus Deutschland dazu. 1972 wurde der Schweizer Kromfohrländer Club gegründet. Dessen erster Vorsitzender, HARRY G. WIRTH, legte 1973 dann auch mit dem A-Wurf seines Zwingers *von Elgg* (Eltern: *Kyros* und *Alfa*) den Grundstein für die Kromfohrländerzucht in der Schweiz.

Der Verein wuchs langsam. Einige neue Züchter kamen hinzu und 1992 wurde ein einheitliches Zucht- und Körreglement eingeführt und damit auch dem Wesen des Kromfohrländers mehr Beachtung geschenkt.

Die kleine Zahl der Schweizer Züchter züchtet sowohl glatte als auch rauhe Hunde. Pro Jahr werden in sechs bis acht Zwingern ca. 30 Welpen geboren. Insgesamt sind es bislang etwa 800. Verdienstvolle und bekannte Zwinger sind z.B. der *vom Postillon* von RUTH MÖSCH, *vom Stockenerberg* von der langjährigen Clubvorsitzenden YVONNE WERTLI und *von Mecla* von CLAUDINE GROSS.

Die Kromfohrländerzucht in der Schweiz unterscheidet sich von der deutschen darin, daß die Zucht- und Körbestimmungen vom Dachverband (Schweizerische Kynologische Gesellschaft) SKG, zusammen mit dem Rasseclub aufgestellt und festgelegt werden, und so den Regeln des übergeordneten Verbandes entsprechen. Die Ahnentafeln werden eben-

falls nur vom Dachverband ausgestellt. Gesundheitsatteste und die Deck-
rüdenwahl werden vom SKC aus nicht so streng gehandhabt wie in
Deutschland. Die Verantwortung für die Paarungswahl liegt bei den
Züchtern. Der Club kann nur Empfehlungen abgeben. Mit einer Gesund-
heitserhebung alle fünf Jahre wird der Gesundheitsstand der Rasse
ermittelt, und dann empfiehlt der SKC allenfalls Maßnahmen.

Abb. 8: Treffen zum Schweizer Jubiläum 1994 (Foto: I. BECKER).

Neue Zwinger

Nach dem Triumph und der Anspannung im Bemühen um die Anerkennung folgte auch in Deutschland eine Zeit der relativen Stagnation. Es
war immer noch schwierig, die Hunde publik zu machen in den goldenen
50er Jahren.

Erst Ende der 60er Jahre, als ILSE SCHLEIFENBAUM ihren letzten Wurf mit
den Q-Hunden machte, fanden sich fast gleichzeitig drei Herren, die nun
als Züchter und Vorstandsmitglieder neue Aktivitäten einbrachten. Das
waren GRAF WESTARP, WERNER RAHMANN und HELMUT KOSCHNICKE; dazu
kamen KARL EICKENSCHEIDT und, nicht zu vergessen, UTE GIERSIEPEN.
Bisher hatte es einen Förderverein gegeben, der dem Kromfohrländer
freundschaftlich zugetan war.

Der Rassezuchtverein der Kromfohrländer e. V. bestand zwar schon seit April 1955, eingetragen beim Amtsgericht Siegen. Doch blieb er im Freundes- und Familienkreis begrenzt und hatte sich wenig effektiv gezeigt. Die neuen Herren engagierten sich mit Überzeugung und Temperament. Man suchte die wenigen noch erreichbaren Hündinnen und verwandte viel Energie, um die Zucht auf eine breite Basis zu stellen. Keine Reise zu einer Ausstellung war zu weit, keine Fahrt zu einer Hundehochzeit zu mühsam, um diesem Ziel näher zu kommen. So gelang es schließlich, etwa 50 Welpen pro Jahr zu züchten. An anderen Rassen gemessen ist das so gut wie nichts. Über die Jahre ergibt es eine langsam Wachsende Population und bürgt für die Qualität des Hundes zu Lasten der Quantität.

Soll eine Rasse aus genetischer Sicht Bestand haben, muß aber eine höhere Welpenzahl erreicht werden. Das können in einer Hobbyzucht einige wenige Züchter auch bei größten Anstrengungen nicht erreichen. Folglich ist man bemüht, die vielversprechenden Hündinnen bei potentiellen »Neuzüchtern« zu plazieren. Da der Kromfohrländer eine ständig wachsende Fangemeinde hat, konnten so erfreulich viele Aktive gewonnen werden. Diese »Zuchtwilligen« – Züchter darf man sich eigentlich nach VDH-Regeln erst nach dem zweiten aufgezogenen Wurf nennen – müssen sich dann einen eigenen Zwingernamen eintragen lassen. Seit Beginn stieg die Zahl der eingetragenen Zwingernamen für Kromfohrländer international auf weit über 200. Die Auswahl eines Zwingernamens sollte wohlüberlegt sein, und die Züchter können fast immer eine kleine Geschichte dazu erzählen. Während eine Shi-Tzu-Hündin durchaus *Bungha-Su vom Goldenen Chi-Ti* heißen kann oder ein Pekinese *Olivia's Prince Raisuli of Moonflower*, passen zu unseren Hunden sehr gut bodenständige Namen, die meist aus dem Bereich der Heimatkunde gewählt werden. Manchmal hört man schon die geografische Lage heraus: z.B. *vom Hooge Hörn, vom Lütje Hörn, von der Dalbeck , vom Steenbrook* oder gar *von der Hamburger Waterkant*. Da weiß jeder gleich, wo der kleine Bursche geboren wurde. Eindeutig südlich klingt es bei *vom Isarflimmern, vom Röslebuck*, oder *vom Hörnerblick*, da läßt das Allgäu grüßen. Beliebt sind natürlich Namen aus der häuslichen Umgebung. *Vom mittleren Gottwill, von der Weidenklinge, vom Kahlharz, von der Napoleonsnase* geben markante Zwingernamen ab. Eindrucksvoll klingen auch vom *Hardenberger Schloß, vom Bergheimer Wasserturm, von der Britzer Mühle* oder *von der Blutenburg*. Und nicht zu vergessen, die Tradition der Flurnamen, wie *vom Markenrain, vom Erlenrain, von der Au, von der Gänsheide , vom Brunnenweg* und *vom Quellengrund*. In letzter Zeit werden auch vermehrt einfach lustige Namen gewählt wie *vom Pünktchen, vom Krömchen* oder ganz aktuell *von der Startbahn Süd*. Manche Zwingernamen verschwinden aber auch wieder sehr schnell, da es viele anfangs Zuchtbegeisterte beim A- oder B- Wurf belassen.

Sogar in die USA hat es in den letzten Jahren einige Kromfohrländer verschlagen. Vom dortigen Kennel-Club werden sie jedoch wegen der geringen Anzahl noch nicht als zuchtfähige Rasse anerkannt. Das hielt jedoch einen Besitzer nicht ab, einen ersten Züchtungsversuch zu starten, dessen Ergebnis noch nicht bekannt ist.

Im angrenzenden Ausland gibt es einzelne Zwinger, in Holland *Lado de Zanja* und in Dänemark *Kodans* und *Traehoy*, die ohne nationalen Verband unter dem dortigen Kennelklub züchten bzw. gezüchtet haben. Auch deren Abkömmlinge finden zum Teil den Weg zurück nach Deutschland und werden hier wieder eingesetzt.

Das Wesen und die Gesundheit des Kromfohrländers sind die Maßstäbe für die Zucht. Das Erscheinungsbild findet notgedrungen erst in zweiter Linie Berücksichtigung. Auch heute, nach fast 50jähriger Zuchtarbeit, ist der Kromfohrländer in seinem Äußeren Schwankungen unterworfen; er ist kein Schablonenhund. Das macht ihn so individuell. In seinem Wesen ist er der ideale Haus- und Begleithund, wie ihn der Standard beschreibt.

Abb. 9: Kandidaten bei der Weltsiegerhunde-Ausstellung in Amsterdam 2002 (Foto: C. BERG).

2   Wesen und Aussehen des Kromfohr-länders

In zahlreichen Hundebüchern gibt es ebenso zahlreiche Kurzbeschrei-bungen über den Kromfohrländer. Da findet sich manches Zutreffende, aber auch viel Unzutreffendes, oft sogar Falsches. Bei der geringen Anzahl der jungen Rasse und der weiten Streuung über das gesamte Bundes-gebiet fallen die Informationen unterschiedlich aus. Für einen Außen-stehenden, der den Hund nicht kennt, sind Aussagen vieldeutig. Für einen Laien, der seinen Hund liebt, sind Fachausdrücke unwichtig. Der Kromfohrländer vereinigt in sich die besten Eigenschaften seiner Ureltern: die Lebhaftigkeit des Foxterriers und die Treue des Griffon.

In der Kurzfassung des Rassestandards von 1968 wird das Wesen des Kromfohrländers in zwei Zeilen beschrieben: temperamentvoll, anhäng-licher und treuer Begleiter seines Herrn und vorzüglicher Wächter für Haus und Hof.

Abb. 10: *Caramel von der Napoleonsnase* auf seinem Lieblingsplatz (Foto: C. BERG).

Ein angepaßter Hausgenosse

In der Wohnung verhält sich der Kromfohrländer mustergültig. Bedingungslos paßt er sich dem Tagesrhythmus der Familie an. Ruhig und bescheiden schläft er an seinem Platz, verfolgt dabei jedes Geräusch und gibt Laut, wenn »es« fremd klingt. Genau unterscheidet er, ob »es« ihn etwas angehen sollte. Er ist wachsam, ohne ein Kläffer zu sein. Überschwenglich begrüßt er die Familie, auch wenn einer nur ein Stündchen fort war. Selbst nach jahrelanger Abwesenheit erkennt er wieder, wen er einmal ins Herz geschlossen hatte.

Gegenüber fremden Besuchern zeigt er Zurückhaltung. Er ist anhänglich, ohne unterwürfig zu sein, treu und zuverlässig ohne Aufdringlichkeit. Für jedes Lob überschwenglich dankbar und nie beleidigt oder schlecht gelaunt. Seinen Herrn beansprucht er in einer ruhigen Stunde ganz für sich und entpuppt sich als zärtlicher Schmusehund. Mit seinen großen, mandelförmigen Augen folgt er jeder Regung seines Herrn und reagiert auf die geringste Geste oder ein leises Wort.

Sein Lachen, wenn er um die Gunst seines Herrn bettelt, ist umwerfend komisch und direkt ansteckend. Dabei entblößt er sein kräftiges Gebiß, stellt die Ohren nach vorn und blinzelt verschmitzt. Überhaupt hat er einen Hang zur Clownerie und verlockt mit Tricks und Finten zum Spielen. Sicher ist dies ein Erbteil seiner Urmutter, der Foxin. In Sprung und Lauf zeigt er die geschmeidige und elastische Bewegung des Griffon. Das elegante Muskelspiel ist bei den Kurzhaarigen deutlich sichtbar. Man kann fast anatomische Studien treiben, so klar zeichnen sich die Muskelpartien unter der straffen Haut ab. Springen oder Treppenlaufen machen daher keine Schwierigkeiten; auch den dritten oder vierten Stock einer Stadtwohnung bewältigt er mühelos, selbst in vorgerücktem Alter. Die durchschnittliche Lebensdauer beträgt etwa zehn bis zwölf Jahre. So lange bleibt Ihr treuer Partner gesund und gutgelaunt.

Abb. 11: *Bifi vom Krömchen* (Foto: C. BERG).

Ein lebhafter Begleiter

Den täglichen langen Spaziergang braucht der lebhafte Kromfohrländer genauso nötig wie sein Herr. Mit Freudengebell stürzt er hinaus in das große Abenteuer der Freiheit. Er ist ein unermüdlicher Läufer und hält mit seinem ausgreifenden Trab oder rasanten Galopp jede Wanderung stundenlang durch.

Ein guttrainierter Kromfohrländer läuft bis zu 30 km mit einem Islandpony mit. Neben dem Fahrrad gibt er das Tempo an. Den normalen Spaziergang benutzt er zu ausgiebigem Stöbern. Nicht das Wildern ist gemeint, bei dem der Hund auf Nimmerwiedersehen verschwindet, um einer Fährte zu folgen. Der Kromfohrländer zeigt keine Jagdleidenschaft. Aber ein gesunder Hundeinstinkt ist ihm eigen. Er schnuppert an Wegrändern nach Duftmarken, interessiert sich für Stöckchen und Blätter, schaut in die Mauselöcher und begutachtet Kaninchenfährten. Doch niemals verfolgt er eine Spur, niemals entfernt er sich weiter als hundert Meter von seinem Herrn. Das macht ihn zum zuverlässigen Begleithund. Auch in finsterer Nacht bleibt er bei Ihnen und zeigt Ihnen mit seinem weißleuchtenden Fell den Weg. Er ist kein Wühler und Buddler. Läßt man ihn zu kurzem Auslauf in den Garten, so geht er in sein Hundeeckchen und wartet nach verrichteter Notdurft geduldig vor der Haustür, um wieder hereingelassen zu werden.

Abb. 12: *Cira* und *Colja vom Wiehenhorst* (Foto: K. HARTMANN).

Abb. 13: *Tamina vom Antareshof, Bilka vom Wiehenhorst* und *Cinderella von der Au* (Foto: M. WISST).

Abb. 14: Zuchtgruppe *von der Holderheide* (Foto: S. NAß).

Ein sicherer Verkehrsteilnehmer

Sein gut angepaßtes Verhalten zeigt er auch in der Stadt, wo er an jeder Verkehrsampel brav absitzt. Man hat schon mal einen Kromfohrländer an der Verkehrsampel vergessen und ihn erst nach Stunden dort wieder abgeholt.
Korrekt ist sein Verhalten ohne Leine. Anders ist sein Benehmen, wenn er an der Leine geführt wird. Wie viele Hunde anderer Rassen - selbst der Chow-Chow - nimmt er Beschützerhaltung ein, sobald er angeleint geht. Kaum naht ein Artgenosse, dann sträubt er das Nackenfell, die Rute geht steil in die Höhe, und im Stechschritt wird Stärke signalisiert. Das mag einem gesunden Instinktverhalten entsprechen, ist aber keinesfalls erwünscht. Hier muß Erziehung einsetzen, worüber später zu sprechen sein wird. Ihr Hund braucht nicht durch Aggressivität aufzufallen; er sieht auffällig genug aus.

Abb. 15: So ist es am sichersten (Foto: S. SCHUR).

Ein geselliger Kamerad

Eine häufig gestellte Frage lautet: »Vertragen sich diese Hunde mit Katzen oder anderen schon vorhandenen Haustieren?«. Dies läßt sich nicht mit einem klaren Ja oder Nein beantworten. Wichtig ist es, das Prinzip des sogenannten »Burgfriedens« zu kennen. Tiere, die sich in der Natur als Feinde oder Jäger und Beute gegenüberstehen würden, tolerieren sich meist in der häuslichen Gemeinschaft, wenn sie miteinander aufgewachsen sind. Man darf also davon ausgehen, daß ein Kromfohrländerwelpe sich mit fast jedem anderen Tier vertragen wird, das schon im Haushalt lebt in den er mit neun oder zehn Wochen kommt. Verallgemeinert auf die Spezies des jeweils anderen wird diese Toleranz aber nicht. Erwachsene Tiere würden diesen Burgfrieden nur noch schwerlich lernen und auch nicht einhalten. Da ist Vorsicht geboten. Die häufigsten Partner für einen Welpen stellen Katzen, Meerschweinchen oder Zwergkaninchen dar. Wie die Bilder belegen, stellt sich nach anfänglicher Vorsicht des Tieres mit den älteren Rechten sehr bald Harmonie ein.

Abb. 16: Laß sie schlafen! (Foto: C. SCHNABEL).

 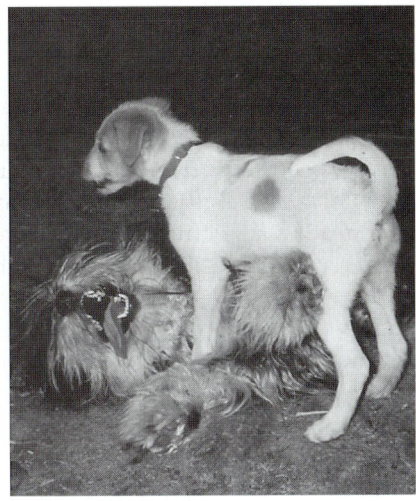

Abb. 17: Zimmergenossen
(Foto: A. BEUTER).

Abb. 18: Spielkameraden
(Foto: K. WÖSSNER).

Ein auffälliger Typ

Der lustige weiße Hund mit den braunen Abzeichen, mit der munter erhobenen Rute, dem lebhaften Ohrenspiel und den freundlichen dunklen Augen erregt überall Aufmerksamkeit.

Bei seinem Anblick muß man unwillkürlich lächeln, und manch einer fragt: »Was ist das für ein Mischling?«

Ein Mischling mit Stammbaum, werden Sie sagen. Die ganze Urwüchsigkeit eines Hundemischlings hat er, aber unzweifelhaft einiges mehr. Sein flüssiger, vorgreifender Schritt zeugt von Kraft und Energie; sein Ausdruck beweist Intelligenz. Er verleugnet nicht seine edle Abstammung.

Sieht man mehrere Kromfohrländer beieinander, zum Beispiel auf den Clubtreffen, so weisen alle die gleiche selbstbewußte Haltung, die gleiche Harmonie der Bewegung und das gleiche beherrschte Temperament auf. Erstaunlich ist es, wie jeder Hund hierzu noch seine spezielle Eigenart entwickelt. Da gibt es die Sanften, die Sportlichen, die Selbstbewußten, die Zärtlichen, die häuslich Anhänglichen, die Robusten. Das Gemüt eines jeden läßt rückschließen auf die seelische Verfassung seines Herrn. Denn der Kromfohrländer paßt sich exakt dem Wesen seines Herrn an.

Abb. 19: Exterieurtypen: a) glatt-lang; b) rauh-mittel; c) rauh-lang; d) glatt-kurz (Fotos: a, c, d K. HARTMANN, b G. KUHN).

3 Standard

Der Standard für Kromfohrländer ist aufgestellt nach dem sogenannten Monaco-Schema, mit welchem in den sechziger Jahren von der F.C.I. eine Vereinheitlichung der Rassestandards angestrebt wurde.

Das Modell für eine ausführliche Beschreibung von Hunderassen wurde in Monaco von Hundeverbänden erarbeitet. Es datiert für den Kromfohrländer vom 7./8. April 1967. Eine ausführliche und umständliche Beschreibung der Rassemerkmale wurde mitsamt einer englischen, französischen und spanischen Übersetzung bei der F.C.I. in Brüssel hinterlegt, wo sie bis in die achtziger Jahre schlummerte.

Ein wesentlich kürzerer, gestraffter Standard über die Rassekennzeichen der Kromfohrländer datiert von 1968, wurde wahrscheinlich am 10. März in Siegen erstellt.

Die derzeit gültige Rassestandard wird in der Fassung von 1998 beschrieben (s. www. kromfohrlaender.de).

Standardprobleme

Seit der Anerkennung der Kromfohrländer 1955 unter dem offiziellen Standard ist er also gleichwertiges Mitglied in dem großen Kreis der Rassehunde. Es soll 339 anerkannte Rassen geben; optisch eine unüberschaubare Menge. Betrachtet man die Rassen genauer, so gehören ganze Gruppen zusammen. Allein an Terriern gibt es 26 Einzelrassen. Und ebenso bei den Schnauzern und bei den Pudeln. Die Zahl der Hunde, die in etlichen Vereinen bis zu 80 000 zählen, ermöglicht es, die Variationen einer Rasse getrennt und eigenständig zu führen. Auch erleichtern die oft uralten Blutlinien, die Varietäten züchterisch herauszuarbeiten.

Die Schwierigkeit bei der Zucht des Kromfohrländers ist in der geringen Anzahl der Hunde begründet. Es gibt etwa 1 700 zur Zeit lebende Hunde, nicht gezählt die etwa 500, die in den ewigen Jagdgründen ein seliges Hundedasein führen.

Auf dieser schmalen Basis wird ein gesunder und wesensfester Hund gezüchtet, der im Erscheinungsbild noch Abweichungen aufweist. Vielleicht
macht das sogar seinen Charme aus, daß er noch kein Schablonenhund ist.
Der Standard von 1967 trägt diesem Umstand Rechnung. Er erlaubt
Varietäten, die definiert werden als Rauhhaar/Glatthaar, bevorzugt
mittellang. Das läßt genügend Spielraum für kleine Abweichungen. Was
bedeutet zum Beispiel mittellang? Reicht das Haar bis zum Knie, trägt der
Hund kniefrei, oder bleibt das Knie bedeckt? Unter mittellang versteht
man eine Haarlänge von vier bis fünf cm, wichtig sind die feste Qualität
des Oberhaares und die dichte Unterwolle.

Abb. 20: Gemischte Gruppe (Foto: C. BERG).

Tab. 1: Entwicklung der Würfe (aus wuff 2001/1).

Jahrgang	Zahl der Würfe	Zahl der Welpen	Ø Welpen pro Wurf	rauh	glatt
1995	14	77	5,50	47	23
1996	26	156	6,00	106	45
1997	28	163	5,82	110	42
1998	28	172	6,14	135	25
1999	37	210	5,68	133	57
2000	25	133	5,32	91	42

4 Rassekennzeichen

In der Gesamterscheinung ist der Kromfohrländer ein eleganter, mittelgroßer, im Rücken etwas länger als schulterhoch erscheinender Hund mit weißem, von braunen Abzeichen verschiedener Tönung durchsetztem Haar.

Elegant meint hier die ausgeglichenen Proportionen etwa nach dem Goldenen Schnitt. Er sieht aus wie ein verkleinerter Jagdhund, um 42 cm hoch. Er bewegt sich flüssig in Trab und Galopp.

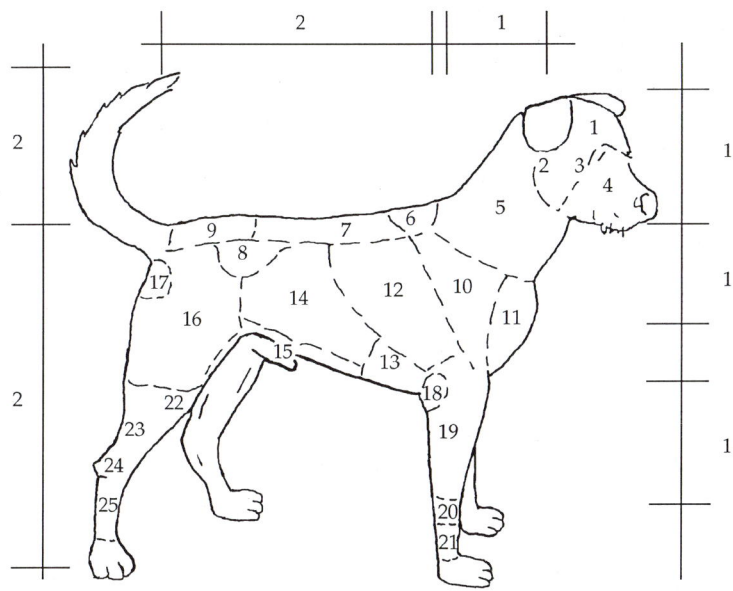

1 Oberkopf	10 Schulter	19 Unterarm
2 Wangenpartie	11 Vorbrust	20 Vorderfußwurzelgelenk
3 Augenregion	12 Seitliche Brust	21 Vorder-/Mittelfuß
4 Vorgesicht	13 Untere Brust	22 Knie
5 Hals	14 Flanke	23 Unterschenkel
6 Widerrist	15 Bauch	24 Sprunggelenk
7 Rücken	16 Oberschenkel	25 Hintermittelfuß
8 Lende	17 Sitzbeinhöcker	
9 Kruppe	18 Ellbogen	

Abb. 21: Körperteile des Hundes (Grafik: G. BLANKENAGEL).

Einzelheiten des derzeit gültigen Standards in Auszügen mit Kommentar

Allgemeines Erscheinungsbild: Es gibt zwei Varietäten, die durch die Haarart bestimmt werden, Rauhhaar und Glatthaar. Die Rumpflänge ist etwas länger als die Widerristhöhe.

Verhalten und Charakter: Anpassungsfähiger, lernfähiger und temperamentvoller, gegenüber Fremdpersonen zurückhaltender Begleit- und Haushund mit geringem Jagdtrieb. Aggressivität und Ängstlichkeit sind nicht erwünscht.

In der Monaco-Fassung wird der Kromfohrländer noch als Schutzhund bezeichnet. Das ist zwar zutreffend, bedingt allerdings das Ablegen einer Schutzhundprüfung.

Wer die Ausbildung zum Schutzhund einmal miterlebt hat, wird die Bedenken dagegen verstehen. Es ist nicht unser Zuchtziel, einen scharfen Hund aufzubauen. Der Kromfohrländer ist zum Begleithund ideal geeignet und füllt diesen Platz im modernen Leben völlig aus. Mit Leichtigkeit absolviert er auf den Trainingsplätzen das Pensum für die Begleithundprüfung. Man kann nur staunen, wieviel Spaß ihm das bereitet und in wie kurzer Zeit er seine Vokabeln gelernt hat.

Kopf : Schädel leicht rundlich, ohne Stirnhöcker, Stirnfurche angedeutet, Verhältnis von Fanglänge zu Oberkopf ist 1:1.

Kiefer und Zähne: Kräftige Kiefer mit einem regelmäßigen und vollständigen Scherengebiss (42 Zähne laut Zahnformel), wobei die obere Zahnreihe ohne Zwischenraum über die untere greift und die Zähne senkrecht im Kiefer stehen. Zangengebiß ist gestattet.

Hierzu ist wenig zu sagen. Ein lückenloses und fehlerfreies Gebiß wird in jedem Standard gefordert. Beim Zangengebiß steht die obere Schneidezahnreihe genau auf der unteren Reihe.

Augen: Mittelgroß, oval; etwas schräg gestellt; dunkelbraun; mittelbraun gestattet.

Diese erstaunlichen Augen sind es, die sofort Sympathie wecken. Es ist nicht das scharfe Terrierauge und nicht das Porzellanauge der kleinen Apfelköpfigen. Die aparte Stellung und Form signalisieren beides: Wärme und Feuer.

Ohren: Seitlich hoch angesetzte , nicht oberhalb des Schädeldaches gefaltete Kippohren; von dreieckiger Form mit abgerundeten Spitzen, am Kopf anliegend. Sehr beweglich, stimmungsabhängig getragen, etwas Flatterohr zulässig.

Es ist kein Hängeohr und kein Stehohr. Es soll ein anliegendes Kippohr sein, wobei ein Drittel ab Ansatz steht und beweglich ist, zwei Drittel hängen. Das Ohrenspiel ist lebhaft und ausdrucksvoll.

Hals: Schräg ansteigend, mittellang, kräftig, Haut fest anliegend, ohne Wamme.

Mittels dieser Konstruktion trägt der Hund den Kopf fröhlich erhoben.

Körper: Mittellange, gerade Rückenlinie, Widerrist angedeutet, Lendenpartie ein wenig schmaler als der Rippenkorb, Rippen leicht gewölbt, Vorbrust leicht betont, Bauchlinie zu den Lenden aufgezogen.

Die betonte Vorderbrust wirkt ein bißchen wie der Kiel eines Schiffes. Sie strebt voran und betont den ausgreifenden Schritt.

Gliedmaßen: Die Stellung der Gliedmaßen, von vorne gesehen, ist gerade und senkrecht. Schultern gut bemuskelt, Schulterblatt mäßig lang und schräg gelagert. Vorderpfoten leicht gewölbt, aneinanderliegende Zehen, Krallen kräftig, Ballen gut entwickelt, dunkel pigmentiert, helle Krallen zulässig. Die Stellung der Hinterhand ist von hinten gesehen gerade und senkrecht zum Boden. Hinterpfote gleich der Vorderpfote.

Der Ausdruck »senkrecht« ist unzutreffend. Zwischen Oberarm und Unterarm besteht eine Winkelung. Die runden, geschlossenen Pfoten - im Gegensatz zu Hasenpfoten - fallen besonders beim Rauhhaartyp auf. Hinterhand: Keulen leicht schräg gestellt und flach, aber kräftig bemuskelt. Oberschenkel etwa senkrecht bis zum Knie, vom Knie bis zum Sprunggelenk etwa mit der Verlängerung der Halslinie gleichlaufend, vom Sprunggelenk senkrecht zum Boden.

Die Feinheiten der optischen Parallelen, der Winkelungen und Senkrechten kann man beim Kromfohrländer selten in Muße studieren. Dafür ist er viel zu lebhaft. Die Bewegungsabläufe des Hundes bestätigen diese Beschreibung.

Rute: Nicht kupiert, mittellang, Säbelrute, etwas Ringelrute gestattet, Behaarung entsprechend der Körperbehaarung. In der Ruhe hängend mit leicht aufgebogener Spitze, in der Bewegung sichelförmig über dem Rücken getragen.

Abb. 22: Verschiedene Typen 1 (Fotos: C. BERG).

a) *Daisy von der Britzermühle*

b) *Alexa vom Cronewaldstollen*

c) *Aljoscha von der Napoleonsnase*

d) *Aconda Lado de Zanja*

e) *Ambra von den Urdenbacher Kämpen*

f) *Akka Trehoj* aus Dänemark

Abb. 23: Verschiedene Typen 2 (Fotos: C. BERG).

a) *Duplo vom Treuter*

b) *Ursus vom rauhen Stein*

c) *Wisper*, ein Däne

d) *Occa vom Weddern*

e) *Tamina vom Antareshof*

f) *Donner vom Wiehenhorst*

glatt ⟨ lang / kurz

rauh ⟨ lang / mittel

Der heutige Kromfohrländer trägt eine stolze Säbelrute. Eine verdrossene Hängerute zeigt er allenfalls mal bei Hundeausstellungen im Ring, wenn das Richten allzu lange dauert. Die Ringelrute kommt häufiger vor als erwünscht und ist noch ein lustiger Atavismus.

Größe:		38 bis 46 cm
Gewicht:	Rüde:	11 kg bis 16 kg
	Hündin:	9 kg bis 14 kg

Die Hündinnen sind deutlich niedriger als die Rüden und im Bau zierlicher. Wieweit das Wesen differiert, läßt sich schwer abgrenzen. Hündinnen sind halt mehr feminin, die Rüden deutlich maskulin. Es gibt aber auch neutralere Typen, was wesentlich von der Haltung abhängt.

Haarkleid: R a u h h a a r - dichte rauhe Textur, mit Bart. Haarlänge am Widerrist und auf dem Rücken nicht länger als 7 cm. An den Seiten kürzer, etwa 3 cm. Am Gesicht und am Fang längeres Haar. Unterwolle vorhanden, kurz und weich.

G l a t t h a a r – dichte weiche Textur, ohne Bart. Haarlänge am Widerrist und auf dem Rücken nicht länger als 7 cm. An den Seiten kürzer, etwa 3 cm. Die Ohren, die Unterseite des Halses und die Brust sind länger behaart. Rute mit guter Fahne, gute Befederung an den Rückseiten der Vorderläufe und der Oberschenkel erwünscht. Am Gesicht und am Fang kurzes Haar. Unterwolle vorhanden, kurz und weich.

Farbe: A m   K ö r p e r - Grundfarbe weiß, hellbraune, rotbraune bis stark dunkelbraune Abzeichen in Form von verschieden großen Flecken oder als Sattel. Schwarze Haarspitzen bei brauner Unterwolle erlaubt.

A m   K o p f – Hellbraune, rotbraune bis dunkelbraune Abzeichen an den Backen, über den Augen und auf den Ohren. Weitgehend symmetrisch unterteilt mit einer bis auf die Stirn reichenden oder bis zum Nacken durchgehenden weißen Zeichnung (symmetrische Maske mit Blesse).

Es bedarf keiner besonderen Betonung, daß ein Hund mit weißem Kopf kein Schecke mehr ist. Unerwünschtes, das den Formwert »vorzüglich« ausschließt sind Fehlen der braunen Abzeichen an den Ohren, Augen und am Oberkopf, zu blasse Abzeichen sowie schwarze Abzeichen ohne braune Unterwolle.

Fehler, die von jeder Formbewertung ausschließen: Monorchismus, Kryptorchismus, Fehlen der Abzeichen auf dem Rücken. Fehlen von mehr als zwei Molaren oder von mehr als drei Prämolaren. Vorbeißer, Unterbeißer, Albinismus, blaues Auge, Wesensschwäche sowie wissenschaftlich anerkannte Erbkrankheiten. Dies sind Fehler (bis auf die Rückenzeichnung), die bei jeder Rasse sowohl von einer Prämierung wie auch von der Zuchtverwendung ausschließen.

Abb. 24: Die »falsche Farbe« (Schwarz ist nicht standardgemäß.) tut der Liebe keinen Abbruch (Foto: C. Berg).

Abb. 25: Stehohren – ein Hauch von Papillon – sind süß, aber leider auch nicht »erlaubt« (Foto: C. Deider).

Fehler

Der Rassestandard beschreibt, welchem Bilde ein Kromfohrländer entsprechen soll. Er ist wichtig als Maßstab zur Beurteilung der Hunde auf Ausstellungen und Zuchttauglichkeitsprüfungen (Körungen). Dabei wird von der Grundannahme ausgegangen, daß die Merkmale, die die potentiellen Zuchttiere zeigen, von diesen auch an die Nachkommen weitergegeben werden. Aber wie bei anderen Lebewesen auch, kommen manchmal kleine Kromfohrländer zur Welt, die sich deutlich von ihren Wurfgeschwistern unterscheiden. Wenn zum Beispiel die Abzeichen schwarz statt braun sind oder die Ohren weiß statt braun, dann führt das in der Regel zu einer sogenannten Zuchteinschränkung. Die betreffenden Hunde werden später nicht zur Zucht zugelassen. Dieses heißt aber auf gar keinen Fall, daß sie nicht genauso gesund oder intelligent wie andere Kromfohrländer sind! Die Erfahrung hat gezeigt, daß oft gerade die auffälligen Typen zu ganz besonderen Begeisterungsstürmen hinreißen.

5 Wahl eines Kromfohrländers

Wer einen mittelgroßen, lustigen, gehorsamen, intelligenten, nichtjagenden, sportlichen, liebevollen Hund braucht, der sollte einen Kromfohrländer wählen. Dieser Hund ist mit seiner zurückhaltenden Wachsamkeit und seiner unaufdringlichen Zärtlichkeit angepaßt an die Forderungen des modernen Lebens. Durch seine mittlere Größe, er reicht mit dem Kopf etwa in Kniehöhe, ist er doch Hund genug, um nicht übersehen zu werden. Er ist wiederum so wenig raumfüllend, daß man ihn noch überall unterbringen kann: in der Wohnung, im Auto oder unter dem Stuhl im Lokal.

Abb. 26: *Ragalli vom Weddern* mit einem hellen und einem dunklen Welpen (Foto: C. BERG).

Abb. 27: *Lotti* und *Hjördis von der Holderheide* mit Nikolai (Foto: P. BÖER).

Mit seinem leuchtend weißbunten Haarkleid, seiner anspruchslosen Pflege, bringt er alle Voraussetzungen für eine bequeme Handhabung mit. Diese Hinweise klingen ein bißchen nach Reklame wie für den Kauf eines Gebrauchsgegenstandes. Tatsächlich sollte die Wahl eines Tieres von dem Gedanken bestimmt sein, welchem Zweck das Tier dienen soll. Zum Reiten braucht man ein Pferd, als Schmusetier eine Katze. Als Spielkamerad und Freund braucht man einen Hund. Wählt man die wunschgerechte Rasse, so wird ein langer Lebensabschnitt glückvoll bereichert.

Informationen

Die Rassehundvereine profilieren ihre Hunde mittels Standard auf Ausstellungen und natürlich in Gesprächen mit Interessenten. Es gibt eine Menge guter Bücher zu diesem Thema. Unsere junge Rasse wird da aber zum Teil auch recht widersprüchlich beschrieben. Bei einem Gespräch mit unseren Züchtern lassen sich Fehlinformationen rasch aufklären. Manche Begriffe sind ja vieldeutig.

Was zum Beispiel ist ein kinderfreundlicher Hund? Der Kromfohrländer ist kinderfreundlich, weil er sehr rücksichtsvoll ist. Er ist aber kein Spielhund wie vielleicht ein Bernhardiner oder ein Boxer. Ist er ein Familienhund? Seinem natürlichen Rudelverhalten gemäß ist er ein integriertes Familienmitglied, gegen Newcomer jedoch zurückhaltend bis wachsam. Niemals wird er ein »Jedermanns-Hund«, den jedermann streicheln kann. Er ist kein Partylöwe, der jeden Fremden überschwenglich begrüßt nach dem Motto: Hauptsache ein neues Gesicht! Darüber muß der Käufer eines Kromfohrländers genau informiert werden, um spätere Enttäuschungen zu vermeiden.

Termine

Gemäß diesen allgemeinen Bemerkungen zur Wahl eines Kromfohrländers werden schon die Vorgespräche mit Interessenten geführt. Bleibt der Wunsch nach einem solchen Hund, dann fangen die Einzelüberlegungen an. »Auf keinen Fall wollen wir einen Weihnachtshund«, sagt der zukünftige Besitzer. Das ist richtig, so steht es in den klugen Büchern mit vielerlei logischen Begründungen. Doch ist dies eine der wenigen Forderungen, die der Kromfohrhändler nicht erfüllen wird. Obwohl im ganzen Jahr Kromfohrländer-Welpen zur Welt kommen, liegt ein gewisser Schwerpunkt für die Hitze im Frühjahr und ein weiterer im Herbst. Offenbar haben sich diese Daten im Laufe der Evolution bewährt. Also werden die Welpen mit acht bis zehn Wochen abgegeben zu den großen Ferien und zu Weihnachten. Soll es nun ein Sommerhündchen sein oder ein Winterhund, stellt sich die nächste Frage. Für den neuen Herrn mag der Sommer verlockender scheinen. Bei schönem Wetter führt man den Hund lieber aus als bei Regen. Als wäre es in unseren Breiten im Sommer nicht ebenso regnerisch wie im Winter. Vom physisch-biologischen Standpunkt aus ist die Kondition der Mutterhündin nach einem sonnenwarmen Sommer wohl besser als nach einem nassen Winter zum Frühjahr hin.

Erfahrene Züchter wie RÄBER und andere haben keinen Unterschied bei sommerlichen und winterlichen Würfen feststellen können. Die gesunde und robuste Natur des Kromfohrländers im speziellen bringt keine Probleme. Die Welpen werden ab der sechsten Woche an frische Luft gewöhnt, sie tollen ebenso gern im Schnee wie auf grünem Rasen. Gegen Nässe sind sie unempfindlich, soweit sie nicht bis auf die Haut dringt. Ja, man hat den Eindruck, daß die rauhe Witterung ihr Haarkleid und ihre Fußsohlen fester werden läßt.

Abb. 28: *Dorina von der Zolltafel* (Foto: E. HARTMANN).

Wem Regen-Rallyes nicht behagen, der sollte dies im voraus deutlich machen. Es gibt auch Kromfohrländer, die das nicht schätzen; es hängt vom Typ ab. Kurzhaarige Typen ohne Unterwolle frieren natürlich schneller.

Auswahl

Aufgabe des Züchters ist es, den passenden Hund zu vermitteln. Er kennt seine Welpen vom ersten Tag an. Bereits während der Trächtigkeit zeigen sich Unterschiede im Temperament der Föten. Gleich nach dem Werfen sieht man deutliche Unterschiede im Verhalten. Da stürmen die Alphatypen wie die Schlangen zum Gesäuge und erobern sich ihren Platz. Die bescheiden Beharrlichen sichern sich ihr Plätzchen nach einem gemächlichen Lauf vom Schwanz der Mutter bis zum Bauch mit den warmen Milchquellen. Die Haarqualität und die Farbtönung sind anfänglich nur

Abb. 29: *Amena* mit B-Wurf *vom Krömchen* (Foto: C. BERG).

vom erfahrenen Züchter zu beurteilen. Die Abzeichen sind deutlich erkennbar, die hellen Flecken dunkeln nach, die dunkleren hellen auf. Dieses Phänomen findet man bei vielen Rassen, bei Dalmatinern, bei Bassets, und es ist ja auch von Pferden oder Kaninchen bekannt. Erst ab der sechsten Woche kann man die Varietät mit Sicherheit bestimmen, das heißt, ob der Welpe rauhhaarig-bärtig ist oder glatthaarig-bartlos.

Prägungsphase

Die vielbesprochene Prägungsphase beginnt bei der Geburt. In ständigem Handkontakt mit dem Züchter und dauerndem Lärmkontakt mit der Familie nimmt der Welpe den Menschen als Bestandteil seiner Umgebung an.

Die ersten Besucher kommen ab der zweiten Woche. Dann sind die Äuglein der Kleinen eben geöffnet, sie blinzeln noch ziellos ins Licht, aber der Geruchssinn ist schon recht gut ausgebildet. Die entscheidende Wahl

Abb. 30: Zu Besuch im Welpenzimmer: Ab der 4. Woche sind
Abwechslung und Spiel wichtig für
die geistige und körperliche Entwicklung der kleinen Kromfohrländer (Foto: C. BERG).

des Welpen trifft man am
günstigsten in der sechsten
Woche. Da kann das kleine
Wesen schon fremde Gerüche
unterscheiden. Es wendet sich
dem zu, der ihm sympathisch
riecht. Immer wieder bestätigt
sich die Beobachtung, daß der
Welpe den Herrn aussucht,
und nicht umgekehrt.

Ist nun die Wahl zu allseitiger Zufriedenheit getroffen worden, dann
empfiehlt es sich, die Besuche beim Züchter zu wiederholen. Der Welpe
wird von Woche zu Woche den neuen Herrn freudiger begrüßen und sich
an ihn gewöhnen. Die Entwicklung in dieser Zeit zu beobachten bringt
viel Freude und manch interessante Erkenntnis. Hund und Herr stellen
sich aufeinander ein, Fragen der Pflege und der Erziehung werden vor
Ort besprochen. In der achten bis zehnten Woche endlich beginnt das
große Abenteuer. Der Welpe ist entwöhnt, durchgeimpft und schon fast
stubenrein. Autofahren ist ihm nicht mehr fremd; er kennt die not-
wendigsten menschlichen Vokabeln, wie den Lockruf zum Fressen, den
Aufruf zum Laufen, mehr oder weniger sicher hört er auf seinen Namen.
Der Tag des Abschieds vom Zwinger beginnt mit Fasten. Vor der großen
Reise bekommt er kein Fressen. Aus zweierlei Gründen: Mit leerem
Magen übersteht er leichter die eventuelle Reisekrankheit, und in dem
neuen Heim erwartet ihn eine wohlverdiente Mahlzeit.

Noch ein Tip: Leben im »Zwinger« des von Ihnen auserkorenen Züchters
auch Kinder, wird sich der Welpe später leichter an Ihre
Kinder gewöhnen.

6   Der Neue

Der erste Tag

Nun ist der neue Hund in seinem neuen Heim. Von all den Aufregungen des Abschiedes, der Reise und den vielen Gerüchen ist sein Radarsystem aufs höchste angespannt. Er wird die fremde Umgebung genau erforschen wollen. Dazu braucht er Muße. Unklug wäre es, jetzt gleich mit ihm zu spielen. Vom ersten Tag an muß er lernen, was erlaubt ist und was nicht gewünscht wird. Zimmer, die er nicht betreten soll, bleiben geschlossen. Sofas, die er nicht benutzen soll, braucht er gar nicht erst auszuprobieren. Sein Körbchen wird ihm angewiesen. Kaum springt er hinein, so geben Sie ihm das Kommando: »Geh Platz!«, oder wie immer Sie das formulieren wollen. Sie loben ihn und streicheln ihn. Sofort springt er hinaus, und Sie kommandieren: »Komm schön!« Versuchen Sie nicht, ihn noch mal hineinzukommandieren. Er hat jetzt Wichtigeres zu tun. Rennt er zur Futterschüssel, so heißt es: »Freßchen!«.

Schnell begreift er, was Sie wünschen, wenn Sie ihn positiv leiten. Die Verbote sollen nur ganz sparsam in der ersten Zeit erfolgen. Rufen Sie Ihren Kobold nicht, wenn er gerade fortläuft. Er assoziiert Befehl und Tätigkeit direkt ohne kritische Überlegung. Er möchte ja lernen und Ihnen zu Gefallen sein, nur Sie müssen es ihm konsequent klarmachen. Ein Kromfohrländer ist bereits als zehnwöchiger Hund ein fertiger kleiner Geselle hinsichtlich seiner Lernfähigkeit. Sein Gehirn ist voll angelegt, seine Gehirnwindungen sind gut ausgebildet. Das Gedächtnis eines Kromfohrländers befähigt ihn, schnell und gründlich zu lernen.

Die erste Nacht

Wichtig ist nun die erste Nacht. Der Welpe schläft schon in der ersten Nacht nach den vielen neuen Eindrücken glücklich und erschöpft in seinem Körbchen. Als Zugeständnis an die Vereinsamung des kleinen Wesens, das nicht mehr die Wärme seiner Geschwister spürt, sollte der Korb in Ihrer Ruf- oder Reichweite stehen.

Abb. 31: *Ecco von der Napoleonsnase* (Foto: C. BERG).

Nehmen Sie den Winzling in der ersten Nacht mitleidsvoll in Ihr eigenes
Bett, so wird er dieses Privileg nie vergessen und es noch wochenlang
beanspruchen. Da ist es einfacher, selbst eine Nacht auf der Luftmatratze
am Körbchen zu verbringen!

Das erste Timing

Der erste Weg am nächsten Morgen führt in den Garten für das kleine
Geschäftchen. Zögern Sie keinen Moment, der Welpe hat es nämlich eilig.
Grundsätzlich ist er schon stubenrein, auch wenn ihm in den Anfangs-
tagen noch ein Malheur passiert. Der Futterplan, den der Züchter mitge-
geben hatte, wird nun pünktlich eingehalten. Nach und nach gleichen Sie
ihn Ihrem Tageslauf an. Im Haus gewährt man dem Hund, solange er
klein ist, seine Spielstunden. Achten Sie aber darauf, sein natürliches
Schlafbedürfnis nicht zu stören. Der Hund schläft bis zu 18 Stunden am
Tag, weil er nicht in Tiefschlaf versinkt, sondern immer noch wachsam
reagiert. Von seiner Welpenzeit her kennt er lange Ruhepausen. Diese
sollte er beibehalten, dann wird er es nicht als störend empfinden, wenn
Herrchen seiner Arbeit nachgeht. Gönnen Sie ihm seinen »Büroschlaf«!

Abb. 32: *Coolio vom Brunnenweg* (Foto: K. H. SIEGFRIED).

Auch ans Alleinsein darf er sich von Anfang an gewöhnen, erst nur ein paar Minuten, dann längere Zeiten. Der erwachsene Kromfohrländer weiß genau, wann sein Herr zu arbeiten hat, und kann unbedenklich vier bis fünf Stunden allein verbringen. Voraussetzung ist immer der ausreichende Auslauf, weil er die Bewegung nicht nur liebt, sondern auch braucht. Der Hund soll und wird sich anpassen an Ihr Timing.

Die erste Erziehung

Mit sorgfältiger Beobachtung lernen Sie bald, seine Signale zu erkennen. Machen Sie nicht den Fehler wie die bekannte kleine Maus, die dachte: »Einmal ist keinmal«, und schon saß sie in der Falle. Lehnen Sie geduldig seine tricksigen Versuche ab, bei Tisch zu betteln, zu unpassender Zeit zu schmusen oder wie ein Wilder an Ihnen hochzuspringen. Loben Sie ihn, wenn er Alarm bellt, aber verweisen Sie ihm unnötiges Kläffen. An Strafen genügt ein festes Wort, ein energisches Schütteln am Nackenfell, auch der erhobene Zeigefinger wird respektiert. Würde ein Kromfohrländer geprügelt, so würde sein Stolz für immer gebrochen sein. Konsequent müssen Sie bleiben. Das spielerische Beißenlassen an Ihren Fingern ist keine gute Erziehungsmethode. Von Natur her hat der Hund eine Beißhemmung, diese Reizschwelle darf auch nicht im Spaß überschritten werden. Der Welpe weiß noch nicht, daß Sie kein Fell haben wie seine Geschwister, mit denen er so herrlich balgen konnte.

Erstaunlich scharf sind seine Milchzähnchen. Bei beginnendem Zahnwechsel um den vierten Monat versucht er, den lästigen Juckreiz am Körbchenrand zu mildern. Ein leichter Anstrich des Randgeflechtes mit Senf verleidet ihm sicher die Knabberei. Er kann sich mit seinem Beißknochen trösten. Das ewige Anknabbern und Beschädigen von Teppichen und Möbeln ist sowieso nicht üblich für ihn. Bei diesem Thema sei nochmals auf sein nichtjagdliches Verhalten verwiesen. Er schüttelt sein Deckchen, wie er seine Beute schütteln würde, um ihr das Genick zu brechen. Niemals schneidet er die Beute an. Allenfalls legt er Ihnen eine erwischte Maus vor die Füße. Weg mit der Maus und kein Lob! Sie wollen doch keinen Jagdhund ausbilden.

Ein Stöckchen kann er apportieren, das freut Herrn wie Hund. Auch zum Torhüter eignet er sich bestens, der Gegner wird mit null Toren heimziehen.

Abb. 33: *Yaku vom Dieke* (Foto: K. HARTMANN).

Die erste Leinenführung

Sein Bewegungsdrang ist grenzenlos, kein Spaziergang zu weit. Als Leine ist die kurze empfehlenswert. Damit geht er bei Fuß und gewöhnt sich an Disziplin. Eine lange Laufleine gäbe ihm tolle Möglichkeiten, Riesenhunde oder Fahrräder, Jogger oder treibende Blätter zu attackieren. Bis die Leine eingeholt wäre, hätte er blitzschnell Unfug gemacht.

Freilaufend zeigt er sich von seiner besten Seite. Er schließt Freundschaften, beachtet den Verkehr und läßt sich immer von allem abrufen. Bei Gefahr wird er wieder angeleint. Das schätzt er keineswegs und behindert die Aktion, so gut er kann. Er zieht alle Beine ein und robbt auf dem Bauch herum. Dann springt er hilfsbereit seinem Herrn ins Gesicht. Er wirft den Kopf hin und her und hat das Kommando »Sitz!« total vergessen.

Üben heißt es nun, immer wieder üben und nicht erst im kritischen Augenblick in Panik ausbrechen. Alle Ihre pädagogischen Talente und Ihren schlummernden Ehrgeiz können Sie in Ihren Kromfohrländer investieren, um die volle Bandbreite seiner Begabung zu entdecken, zu wecken und zu fördern.

Egal, wie Sie Ihren Hund erziehen, erziehen Sie ihn konsequent.

Abb. 34: Bei der Begegnung mit Fremden sollte der Kromfohrländer aufmerksam und ruhig reagieren (Foto: I. BECKER).

7 Kromfohrländer in der Meute

Einmannhund?

Als Einzelhund ordnet sich der Kromfohrländer problemlos in die Familie
ein. Seine spontane Zuwendung gilt einer Person, er gewährt aber auch
allen anderen Familienmitgliedern die Gunst seiner Zuneigung. Er läßt
sich vom einen füttern, vom anderen ausführen, spielt mit den Kindern
und respektiert die ganz Kleinen. Ohne Schwierigkeit akzeptiert er die
wechselnden Situationen in einer lebhaften Familie. Doch seine Liebe
gehört bedingungslos seinem erwählten Herrn.

Abb. 35: Zuchtgruppe *vom rauhen Stein* (Foto: C. BERG).

Meutehund?

Wenn glückliche Umstände es erlauben, mehrere Kromfohrländer zu
halten, dann stellt man mit Überraschung fest, daß sich auf der »unteren
Ebene« eine feste Rangordnung herausbildet. Den Menschen gegenüber
benehmen sich die Hunde wohlerzogen und gehorsam. Miteinander leben
sie nach eigenen Regeln.

Was EBERHARD TRUMLER und ERIK ZIMEN in ihren Forschungsarbeiten
vom Wildhund beziehungsweise Wolf berichten, beobachtet man auch in
einer Kromfohrländermeute. Die Hunde verständigen sich mittels Körpersprache und Lautsprache. Die Autoren dieses Buches müssen sich notgedrungen der menschlichen Sprache bedienen, um dies zu beschreiben. Es
heißt aber nicht, den Hund zu vermenschlichen, wenn man seine subtilen
Regungen in die »verkümmerten« menschlichen Reaktionen übersetzt.

Zeichensprache

Ein Kromfohrländerpaar verhält sich, wie sich Eheleute verhalten; mal gibt
er den Ton an, mal ist sie führend. Sobald ein Dritter hinzukommt, wird
ihm unmißverständlich seine Stellung klargemacht. Der Rüde knurrt, die
Hündin stößt ihm mit der Nase in die Flanke. Das ist das Zeichen größter
Verachtung. Der Newcomer zieht den Schwanz ein, er beugt den Ober-
körper und streckt die Pfoten, eine Geste wie »Hände hoch«. Genügt die
Demutshaltung nicht, so wird er mit einem Schulterstoß umgeworfen und
streckt auf dem Rücken liegend alle viere von sich.

Die Aufforderung zum Spiel wird mit der gleichen Haltung eingeleitet,
hierbei stößt der Hund mit den Pfoten mehrfach vor und jagt dann in
wildem Galopp eine Runde. Während die Hündin das Spiel aufnimmt,
zeigt der Rüde kein Interesse. Sollte das Spiel in Kampf ausarten, so geht
er gelassen dazwischen und trennt die Balgenden. Schwanzwedelnd
gehen sie auseinander und sagen deutlich: »War ja bloß ein Spiel!«

Kindererziehung

Eine trächtige Hündin wird innerhalb der Meute in keiner Weise
geschont. Fressen, Spiel und Auslauf finden wie gewohnt statt. Sobald
aber der Wurf da ist, ändert sich die Rangordnung. Steckt der Rüde auch
nur die Nase ins Welpenzimmer, so wird ihm von der Hündin mit Ent-

blößen der Zähne bedeutet: »Scher dich raus!« Bekümmert zieht er ab. Erst nach sechs Wochen darf er seine Kinder beäugen und wird nun zur Erziehung hinzugezogen. Er hat für Ordnung und Frieden zu sorgen. Das Gerangel der Welpen, das Anspringen und Schwanzziehen erträgt er geduldig. Verkeilen sich die Welpen mit wildem Geknurre ineinander, dann tritt er lautlos dazwischen und trennt die Wüstlinge durch seine bloße Autorität. Die heranwachsenden Junghunde werden von der Mutter streng gehalten. Wer nicht gehorcht, wird am Nacken gebeutelt, muß sich werfen, wird am Bäuchlein gestupst und an der Kehle gewürgt.

Den Auslaß aus der Haustür zum allgemeinen Spaziergang begleitet lärmendes Geläute. Als erste läuft die Mutterhündin ins Freie. Wehe, wenn sich ein Junges vordrängt. Es wird zurückgescheucht und muß warten, bis die Mutter hinaus ist. Es folgt der Rüde, die Jungen stürmen hinterher und preschen vor. Würdevoll begibt sich der Rüde ans nächste Grasbüschel und setzt seine Marke: »Ich und mein Clan!« Die Hündin gibt ihr Plazet dazu. Die Jungen kehren um und beriechen das Signal: »Was Vater alles kann!«

Abb. 36: *Elliot von der Napoleonsnase* und *Ragalli vom Weddern* (Foto: C. BERG).

Abb. 37: *Lenin* mit *Nolde von der Holderheide* (Foto: S. Naß).

Unterricht im Freien

Scheinbar ungeordnet und ziellos springen die Jungen umher. Hier wird geschnuppert, dort einem Blatt nachgejagt, da ein Stöckchen geschnappt. Sofort wird die Beute dem glücklichen Finder streitig gemacht. Ein anderer greift zu und gemeinsam rennen »Zwei am Stiel« den Weg entlang. Aufmerksam verfolgt die Mutter die Aktivitäten.

Sollte mal einer eine tote Maus ergattern, kommt sie gleich dazu und beansprucht mit drohend gestrecktem Schwanz die Beute für sich. »Das ist nichts für kleine Kinder!« »Steck deine Nase ins Mauseloch!« Gehorsam schnüffelt der Junge in die Erde und kommt niesend wieder hoch. »Riecht auch nicht nach Fressen«, sagt er und schüttelt sich.

Immer wieder zählt die Hündin ihre Kinder mit der Nase. Bleibt eines zurück oder prescht zu weit vor, so holt sie es mit keifendem Bellen zurück. Ein strafender Stups vom Vater betont das Ungebührliche seines Verhaltens.

Abb. 38: *First* und *Flora vom Treuter* (Foto: E. V. WESTARP).

Abb. 39: *Etta* und *Elske vom Wiehenhorst* (Foto: I. MAMEROW).

Springen können die Kromfohrländer von klein an. Aber das Springen über den Bach will gelernt sein. Die Mutterhündin fordert dazu auf. Mehrfach überspringt sie den Graben, bis das Junge folgt und danach mit der Mutter einen Extragalopp einlegt, zur Belohnung. So findet die Erziehung scheinbar spielerisch statt.

Die pädagogischen Theorien der Menschen werden auf dieser unteren, animalischen Ebene recht vergnüglich gelöst. Die oberste Instanz bleibt jedoch immer der menschliche Boß. Er kann seinen Leitrüden von den verwickeltsten Erziehungsaufgaben abrufen.

Immer wird der Kromfohrländer gehorchen - in mancher Verkehrssituation ist das nötig und eilig dazu. Die Meute der Kromfohrländer, die wie die Porzellanhündchen am Wegrand absitzen und das Auto mit dem Jagdaufseher passieren lassen, bietet einen erfreulichen Anblick.

Ein Rückwanderer

Manchmal kommt ein Hund zum Züchter zurück. Die Gründe sind unerheblich, wichtig ist es, ihn in die Meute einzugliedern.

Frohgemut zog er als Welpe aus mit seinen neuen Leuten; nun kommt er zurück - aus irgendwelchen Gründen -, und der Züchter nimmt ihn freudig wieder auf. Diesen erkennt der Hund bald wieder, auch die Gerüche des Hauses scheinen ihm bekannt zu sein. Aber nach Monaten oder gar Jahren ist ihm die Verwandtschaft völlig fremd. Feindselig verbellt ihn die hauseigene Meute und schnauft durch die Türritzen Protest gegen den Eindringling, so daß die ersten Tage in absoluter »Quarantäne« vergehen.

Erstmals wird der Neue oder auch die Neue außerhalb des eigenen Reviers an kurzer Leine auf den Spaziergängen mitgeführt. Allergrößte Vorsicht ist vonnöten. Ein kurzes Beriechen an den Analdrüsen wird erlaubt, aber dann sofort auf Abstand gehen. Denn der Zugereiste würde den Annäherungsversuch abschnappen, und augenblicklich würde sich die ganze Meute auf ihn stürzen. Die einzige Rettung wäre dann, ihn am Schwanz zu packen und ihn über einen rettenden Zaun zu werfen.

Nach etwa 14 Tagen strenger Trennung beruhigen sich die Gemüter. Herrchens Wille ist unumstößlich, also muß man sich mit dem Neuen arrangieren. Jetzt wird der Altrüde an der Leine geführt, der Neue versucht mit Rempeln und Ohrenküßchen die Sympathie der Alten zu gewinnen.

Mit den jüngeren Hündinnen werden Drohattacken aufgeführt. Zwei Hunde springen sich an, umarmen sich und schreien mit aufgerissenen Rachen ihre Meinung heraus. Manchmal erfordern diese Rangkämpfe das autoritäre Einschreiten des Menschen.

Die laute Stimme und der ausgestreckte Arm des Herrn werden als Drohgebärde respektiert. Als sei nichts geschehen, laufen die Hunde auseinander, sie sind nicht nachtragend.

In weniger als vier Wochen hat sich die Meute arrangiert. Die Rangordnung ist geklärt, und sollten Meinungsverschiedenheiten auftreten, so gilt Herrchen immer als oberste Schlichtungsinstanz.

Die Clubmeute

Vieles könnte man noch berichten über Sozialverhalten in der Meute, über die Körpersprache und Rangordnung. Hierüber haben Berufenere geforscht und geschrieben. Das Erlebnis einer Kromfohrländermeute wird keiner vergessen, der einmal beim jährlichen Clubtreffen oder bei einer der inzwischen zahlreich angebotenen Spaziergänge bzw. Wanderungen dabei war. Auf grüner Wiese tollen die bunten Hunde umher, Freundschaften werden geschlossen und Rivalitäten ausgetragen. Die attraktiven Hündinnen werden gleich von mehreren Kavalieren hofiert, während die Jüngsten wohlwollend geduldet werden.

Wer sich öfter im Jahr trifft, hat sich viel zu erzählen (nicht nur die Hunde), und wer sich erst kennenlernt, bekundet freundliches Interesse. Jeder Hund hat sein eigenes Temperament und Image. Das Gesamtbild vermittelt den Eindruck eines typischen, unverwechselbaren Rassehundes.

Abb. 40: Beim Clubtreffen in Dülmen 1995 (Foto: C. BECKER).

8   Die Zucht

Grundsätzliches

Aufgabe und Ziel des Rassezuchtvereins der Kromfohrländer ist es, für die Reinerhaltung und Festigung der Rasse zu sorgen. Dieses ideale Ziel wird auf einer schmalen Basis ausgehend von wenigen Amateurzüchtern angestrebt. In diesen beiden Sätzen steckt die ganze Problematik der jungen Rassezucht. In vielen Jahren liebevoller und aufopfernder Zucht- arbeit ist es gelungen, einen gesunden und wesensfesten Stamm von Rassehunden aufzubauen. Zwei energische und großzügige Zuchtleiter – OTTO BORNER und WERNER RAHMANN – haben es verstanden, ohne in die Massenvermehrung abzugleiten, ein stetiges Wachsen der Hundezahl zu erreichen. In den Zwingern *vom Dieke*, *vom Weddern* und *vom Antareshof* wurde der Grundstein für das heutige Zuchtpotential gelegt. In den letzten drei Jahren waren 35 Zwinger mit durchschnittlich zwei oder drei Würfen aktiv. Mit wenigen Würfen lieferten sie wertvolle Zuchtbeiträge. Dem Clubvorstand ist jeder Wunschzüchter hochwillkommen, wenn er verständlicherweise die notwendigen Voraussetzungen erfüllen kann.

Voraussetzungen

Die Frage, ob der Hund gesund und wesensfest ist, steht in der Zucht an erster Stelle und wird vom Rassezuchtverein der Kromfohrländer ent- schieden. Es werden pro Jahr zwei Körungen angeboten, wo Sie Ihren mindestens 15 Monate alten Kromfohrländer vorstellen können. Hündin- nen und Rüden werden dort nach verschiedensten körperlichen Kriterien und Wesensmerkmalen geprüft und am Ende hoffentlich für »zucht- tauglich« befunden. Eine zwanglose Begutachtung der Hunde wird jedes Jahr bei den Körungsterminen, beim Clubtreffen und den Wanderungen durchgeführt. Dabei werden auch Zucht- beziehungsweise Paarungsempfehlungen gegeben. Neuerdings ist auch der Besuch des jährlich statt-findenden Erstzüchter-Seminares obligatorisch für alle Anfänger. Hier können alle Fragen gestellt und Unsicherheiten genommen werden.

Der Rassezuchtverein der Kromfohrländer informiert sich in einer ersten Begehung über die zukünftige Zuchtstätte. Parallel beantragen Sie den gewünschten Namen für Ihren Zwinger. Die räumlichen Gegebenheiten für die Aufzucht werden durch Zuchtwarte geprüft. Ein Raum im Haus und ein guter Auslauf sind mehr als notwendig. Das Welpenzimmer sollte ebenerdig liegen, einen wischbaren Fußboden besitzen und einen Aus-gang in den Garten haben, wo die Kleinen ihre ersten Freiübungen abhal-ten können.

Paarung

Vom Verein bekommen Sie auf Wunsch eine Liste der für Ihre Hündin möglichen Deckrüden. Sie treffen die Auswahl und schicken den Zucht-antrag ab.

Rechtzeitig ist die Zustimmung des Rassezuchtvereines zur Partnerwahl angekommen. Auch der aussichtsreiche Rüde ist rechtzeitig benachrich-tigt worden. In etwa kennt man den Zeitpunkt der Läufigkeit, weil vor der dritten Hitze nicht gedeckt wird. Den genauen Beginn der Hitze zeigt eindeutig das weiße Laken im Hundekorb mit rötlichen Flecken an. Von da ab rechnet man elf bis dreizehn Tage bis zum Decktag. Dieser Durch-schnittswert kann in Ausnahmen nach hinten oder vorne abweichen. (Diese Information ist übrigens auch wichtig für alle Besitzer von Hün-dinnen, die nicht züchten wollen, um an diesen Tagen besonders acht geben zu können!) Die Hündin zeigt ihre Bereitschaft mit Heben des Schwanzes und deutlichem Posieren, wenn man ihr über den Rücken streicht. Dann geht es auf die Reise, was mit einer läufigen Hündin nicht eben angenehm ist.

Der Empfang bei den Besitzern des Rüden ist immer recht herzlich, man hatte sich ja bereits verständigt. Die »Verständigung« zwischen den »Brautleuten« verläuft dagegen unterschiedlich. Manchem Rüden gelingt es, seine Braut innerhalb einer halben Stunde zu überzeugen. Bei anderen Paaren dauert die Werbezeit Stunden. Geduld ist dann vonnöten.

Was man nicht tun sollte

Man sollte nicht auf die Uhr schauen, das Liebesspiel braucht seine Zeit. Auch soll nicht die gesamte Familie zuschauen und sich mit Ah- und Oh-Rufen beteiligen. Hunde kennen auch Hemmungen. Man soll den Liebenden kein glattes Parkett oder umstürzbare Möbel zumuten; geeignet ist dagegen ein Fleckchen Rasen. Man soll keine Tränen vergießen, wenn der CACIB-Rüde nicht aufspringen will; oft ist sein Bruder der bessere Vererber.

Ein Zwangsdecken soll niemals erfolgen, man muß eben einen anderen Rüden anlaufen. Eine Hündin, die zur Zucht eingesetzt werden soll, darf unter keinen Umständen bei vorherigen Hitzen abgespritzt worden sein, das verändert ihren Hormonhaushalt entscheidend. Man muß eventuell mal auf eine Ferienreise verzichten.

Dem Anfänger wird bei den vielen guten Ratschlägen der Kopf schwirren, doch macht er sich unnötige Sorgen. Die Hauptarbeit erledigen die Hunde selber, die sind da ganz instinktsicher. In Zweifelsfragen stehen jederzeit die erfahrenen Züchter des Kromfohrländer-Clubs zur Verfügung. Eine ausführliche Informationsmappe für Züchter gibt viele spezielle Hinweise.

Deckmeldung und Wartezeit

Ist der Deckakt zur allseitigen Zufriedenheit verlaufen, haben sich die Hunde nach dem »Hängen« zu einem Schläfchen niedergelegt, dann heißt es, den geschäftlichen Teil zu erledigen. Das Deckmeldeformular muß ausgefüllt und unterschrieben an die Zuchtbuchstelle gesandt werden. Es sollen ja für die künftigen Welpen gültige Papiere ausgestellt werden. Als ganz wichtig erweist es sich, daß man die Vergütung für den Deckrüden schon vorher vereinbart hatte: ob er ein Honorar oder einen Welpen beansprucht. Die klare Absprache hierüber vermeidet späteren Ärger. Hat sich die Hündin genügend ausgeruht, geht es auf die Heimreise. Ein Nachdecken am nächsten Tag hat nach Meinung erfahrener Züchter nie zu größeren Würfen geführt, ist also unnötig.

In den folgenden vier Wochen verhält sich die Hündin fast unverändert. Sie bekommt ihr normales Futter und vor allem ihren normalen Auslauf. Verwöhnen Sie sie nicht mit Leckereien. Sonst frißt sie Ihnen bald nur noch vom silbernen Löffel. Wenn das Futter mal einen Tag verweigert wird, ist das normal für eine Schwangere. Eine gesunde Hündin sorgt schon für ihre Nachkommenschaft.

Abb. 41: Werbung (Foto: E. v. WESTARP).

Abb. 42: »Hängen« (Foto: E. v. WESTARP).

Mit Geduld und ohne ständiges Betasten und Untersuchen vergehen die Wochen. Erst nach der Halbzeit zeigen sich deutliche Veränderungen. Die Milchleisten schwellen an, das Bäuchlein wird runder, die Bewegungen träger. Drei Wochen vor dem Geburtstermin findet eine gründliche Entwurmung statt. Es ist angezeigt, bei zunehmendem Umfang der Hündin die Tagesmahlzeit auf drei Portionen zu verteilen und das Futter mit Aufbaupulver anzureichern.

Das Welpenzimmer

Das Welpenzimmer braucht nicht steril abgeschlossen zu sein. Im Gegenteil, die Hündin mit ihrem Wurf behält Kontakt zu ihren Menschen auch in der Zeit der Aufzucht. Für den Wurf selber ist vom VDH, Verband für das Deutsche Hundewesen, die Größe der Wurfkiste vorgeschrieben, die 90 x 90 x 70 cm mißt. Das Basteln einer Wurfkiste ist sehr spannend. In ihr kann sich die Hündin während des Werfens bewegen und auch abstützen. Sie bietet in den Wochen der Aufzucht ein warmes, gemütliches Zuhause.

Ausgelegt wird die Kiste mit saugfähigem Papier, worüber alte Laken gepackt werden. Es muß sich immer um Wegwerfware handeln oder um kochfestes Material. Zur Vorbereitung gehört auch die Beschaffung einer Welpenmilch. Für die Zeit nach vier Wochen, wenn die Welpen anfangen aus dem Korb zu purzeln, empfiehlt sich der Bau eines Laufstalles. Aus glattgehobelten Brettern wird ein Geviert 70 x 130 cm, etwa 40 cm hoch, gezimmert. Da hinein werden die kleinen Schlingel gesetzt, wenn sie mal allein sein müssen. Die Mutter kann ungehindert hinein- und heraus- springen, die Welpen bleiben wohlbehalten im Gehege.

60 bis 63 Tage sind schnell vergangen. Alle Vorbereitungen getroffen, die Hündin wird unruhig (Sie vermutlich auch). Wenn sie anfängt, in der Wurfkiste zu wühlen und zu kratzen, machen Sie sich auf eine lange Nacht gefaßt. Das Reißen und Zerren an den Tüchern deutet die Senk- wehen an. Wenn die echten Wehen mit Stöhnen und Hecheln in fünf- minütigem Abstand kommen, helfen Sie der Hündin. Sie streichen ihr behutsam, aber fest über den Rücken und lassen die Hand auf dem Kreuz ruhen, bis die Wehe abklingt. Mit drei kräftigen Preßwehen wird der Welpe ausgestoßen. Die Erstgebärende weiß dann noch nicht recht weiter. Sie öffnen mit einem kurzen Griff die Fruchtblase und überlassen der Mutter das Lecken. Sie wird die Nabelschnur abbeißen und sich dann um

die Nachgeburt kümmern, die sie mit kleinen Wehen herauszieht und verschlingt. Die Pause bis zur nächsten Geburt ist unterschiedlich lang. Manchmal nur zehn Minuten, dann bis zu zwei Stunden. Bei großen Würfen muß die Werfende zwischendurch auch zum Wasserlassen hinausgetragen werden.

Natürlich ist der zuständige Tierarzt beizeiten über das bevorstehende Ereignis informiert worden. Er wird erreichbar sein, wenn es not tut. Eine gesunde, gut trainierte Hündin wird ihren Wurf aber ohne akademische Hilfe bewältigen. Ist der letzte Welpe erschienen und sind alle notdürftig abgeleckt, streckt sich die Mutter erschöpft und zufrieden lang aus. Die Jungen hängen bereits am Gesäuge, auch die Hündin hat Durst und bekommt ihre lauwarme Welpenmilch.

Beträgt der Wurf vier bis sechs Welpen, so entstehen keine Nahrungssorgen. Bei größerer Zahl muß in den ersten Tagen mittels einer kleinen Pipette zugefüttert werden. Ab dem neunten Welpen ist die Zufütterung vom Verein vorgeschrieben – die Hündin hat eben nur acht Zitzen.

Am ersten Tag nach dem Werfen entleert sich die Hündin mit schwarzem Durchfall. Das ist die gefressene Nachgeburt und bedeutet die normale Säuberung. Hungrig und durstig ist sie, sie bekommt drei volle Mahlzeiten und drei reichliche Schalen Milch.

Abb. 43: B-Wurf *vom Krömchen* in der Wurfkiste (Foto: C. BERG).

Abb. 44: Der 1. Tag (Foto: C. BECKER).

Wiegen, Zeichnen, Nennen

Auf einem Blatt Papier hat der Züchter die Umrisse der Welpen skizziert.
Jedes Junge wird gleich nach der Geburt gewogen. Geburtsgewicht, seine
Fellzeichnung, sein Geschlecht und die Uhrzeit der Geburt werden auf
dem Papier vermerkt. Die Namen werden verteilt, alle beginnen beim
ersten Wurf des Zwingers mit A und so wird fortlaufend für jeden
nächsten Wurf der nächste Buchstabe im Alphabet verwendet.

Die ersten vier Wochen bedeuten reines Züchterglück. Die Mutterhündin
versorgt ihre Kinder, der Züchter versorgt die Mutter. Peinliche Sauber-
keit herrscht im Welpenkorb, denn die Hündin leckt und putzt Welpen
und Lager pausenlos. Ab der fünften Woche beginnt zur Entlastung der
Mutter die Zufütterung. Zum erstenmal Mal in ihrem Leben kriegen die
Hündchen Tartar, roh gehacktes Rindfleisch. Die ersten Milchmahlzeiten
werden mehr oder weniger geschickt geschleckt.

Jetzt ist es an der Zeit, das kleine Volk in den Laufstall umzuquartieren.
Mit ihren Milchzähnen und den scharfen Krallen setzen sie der Mutter arg
zu. Aus dem Laufstall kann die Hündin hinausspringen, um den Quäl-

geistern zu entgehen. Die Erziehung zur Stubenreinheit beginnt mit dem Auslegen des Welpenzimmers mit Zeitungspapier. Anfänglich machen sie überall hin, Geschäftchen und Papier werden identifiziert. Verringert man die Papierfläche, so rücken auch die Pfützchen und Häufchen zusammen. Nach acht Wochen ist die Lage Zeitung zu einem festen hygienischen Begriff geworden.

Auslauf

Etwa in der sechsten Woche öffnen sich die Türen ins Freie. Unbeschadet der Witterung gewöhnen sich die Welpen schnell an die frische Luft, nur dürfen sie natürlich nicht völlig verfrieren oder durchnässen. Die Mahlzeiten werden nun auch im Freien serviert. Da sich die Kleinen infolge des Magen-Darm-Reflexes gleich nach dem Fressen entleeren, entlastet diese Methode den Züchter beim Putzen des Welpenzimmers. Auf der Spielwiese werden ein paar Hindernisse aufgestellt, das fördert die Trittsicherheit ebenso wie die Muskelbildung.

Abb. 45: Spielstunde im Garten (Foto: E. v. WESTARP).

Interessenten und Käufer

Acht bis zehn Wochen verbringen die Welpen in der Geborgenheit des Zwingers, wachsen, lernen und gedeihen unter der Obhut der Hündin und des Rüden und der liebevollen Pflege des Züchters. Ständige Besuche der Interessenten und Käufer vermitteln schon die ersten Kontakte mit der Außenwelt. Die ersten Erfahrungen werden spielend bewältigt und schon erste Freundschaften geschlossen. Es kommt auch vor, daß ein selbstbewußter kleiner Bursche einen begeisterten Käufer total ablehnt. Das darf nicht übersehen werden. Die Sozialisierungsphase läuft vom ersten Tag an auf vollen Touren und setzt sich bis weit ins Jugendalter hinein fort. Dabei lernen Hund und Mensch gleichermaßen zur beiderseitigen Zufriedenheit. Der Besuch eine Welpenspielgruppe oder Welpenschule empfiehlt sich im Anschluß für jede »Ein-Hund-Familie«. Möglichst früh sollte der kleine Kromfohrländer der Umgang mit Artgenossen lernen, damit er später weder zu ängstlich noch zu dominant reagiert. Außerdem ist das wöchentliche Spiel-Training ein guter Ansporn für seine Intelligenz. Begeistert nimmt er alle Anregungen auf und lernt sehr bald die Grundbegriffe des Hunde-Knigge.

Abb. 46: *Anjo vom Hoppenberg* (Foto: C. BERG).

Abb. 47: *Epona von der Napoleonsnase* (Foto: C. BERG).

Abb. 48: *Jazzmo Acapella* (Foto: S. Naß).

Abb. 49: *Arrigo vom Erlenrain* (Foto: K. Hartmann).

Wartelisten

Die Kromfohrländerzucht ist eine reine Hobby-Zucht. Die Züchter sind im Rassezuchtverein der Kromfohrländer organisiert, über den auch die Züchterlisten an die Welpeninteressenten verschickt werden. Wer einen kleinen Kromfohrländer in seine Familie aufnehmen will, sollte es nicht zu eilig damit haben, denn oft führen die Züchter über längere Zeit hinweg Wartelisten. Dies ist bedingt durch die im Verhältnis zur Nachfrage niedrige Zahl der Welpen bzw. Würfe pro Jahr. Auch wird aus dem Wunsch nach einer rauhen Hündin schnell die Freude über einen glatten Rüden und man stellt fest, daß es keinen so großen Unterschied macht. Hauptsache ein Kromfohrländer!

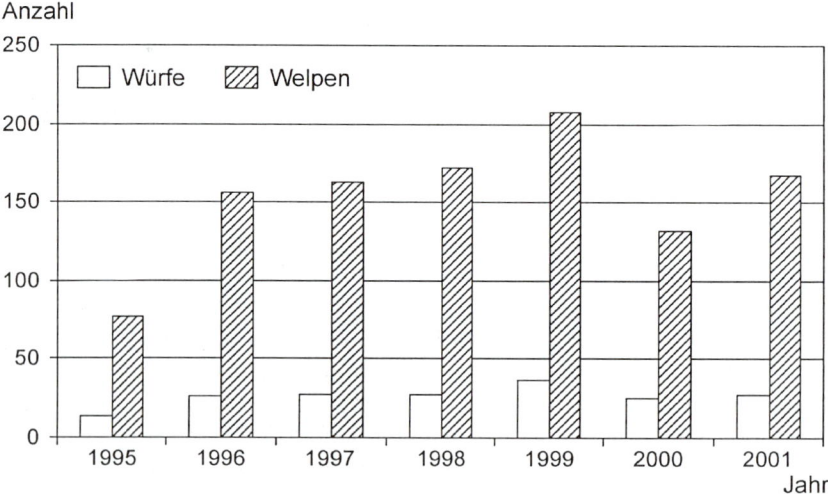

Abb. 50: Entwicklung der Würfe und Welpenzahlen (aus wuff 2002/2).

9 Ausstellungen

Einlaß für Hunde

Ausstellen ist ein herrlicher Spaß. Wenn Sie einen Tag eingeklemmt zwischen Hunden und Taschen, bedrängt von Zuschauern und Fremdrassigen (Hunden) nach allen Seiten sichern, stundenlang Schwätzchen halten, heimlich den Nachbarn beäugen und sich am Tagesende selber hundemäßig vorkommen, fühlen Sie sich richtig ausgelastet.

Schon die Anfahrt zum Ausstellungsort beschleunigt Ihren Pulsschlag. Suchen nach einem Parkplatz. Suchen nach der Ausstellungshalle, Suchen nach den Boxen. Alles steigert Ihre Vorfreude und Nervosität. Gedrängel am Einlaß, Hundebeine – Menschenbeine, Papiere geduldigen Tierärzten hinhalten, erst mal eine Lücke anpeilen, um alles wieder in die richtigen Hände zu fassen. Im Katalog schön geordnet die Boxennummer zu finden heißt noch lange nicht, auch die Box für Ihren Hund zu finden. Fast nie stimmt die Nummernfolge, aber Sie haben Zeit zum Suchen und entdecken irgendwann bekannte Gesichter: »die« Kromfohrländerfreunde! Decke, Hund und Taschen werden in der Box sichergestellt, Händeschütteln und ein kritischer Blick, der Ihnen die Gewißheit gibt, daß Ihr Hund der Schönste ist neben seinen Rassegenossen. Eine Hundeausstellung ist für Mensch und Tier ein emotionales Erlebnis. In großen Ausstellungshallen herrscht unbeschreibliches Gedränge, Gerede und Gebelle in einer Wolke von Gerüchen. In dieser gespannten Atmosphäre wird sich Ihr Liebling von seiner besten Seite zeigen und den höchsten Preis erringen!?

Ausstellen – wie?

Wenn Sie gerade erst einen Kromfohrländerwelpen bekommen haben, liegt Ihnen der Gedanke, selbst zur Ausstellung zu gehen, sicher oft noch fern. Mit der Freude am Hund wächst aber auch der Stolz auf ihn, und irgendwann ist es dann soweit.

Abb. 51: Bei der Generalprobe (Foto: S. Naß).

Der Entschluß, seinen Kromfohrländer auszustellen, wird meist spontan gefaßt. Weniger spontan verlaufen die Vorbereitungen. Ort und Zeit der Ausstellungen werden abgestimmt, ein Meldeformular wird angefordert vom Club oder vom VDH, die Impfungen müssen kontrolliert werden.

Ansprechpartner und Koordinator ist der Ausstellungsbeauftragte des Rassezuchtvereines. Ein Erstaussteller erhält wertvolle Tips und Hinweise. Der lebhafte Kromfohrländer ist kein idealer Ausstellungshund, sein Temperament kann im Ring mit ihm durchgehen. Unliebsame Enttäuschung vermeidet, wer rechtzeitig mit dem Hund trainiert.

Während des Richtens wird der Hund linker Hand geführt, beim schnellen Gang des Führers zeigt er seinen flüssigen Trab, den schönen Vortritt und die kräftige Hinterhand. Vor dem Richter muß er ruhig stehen und dem Gestrengen freundlich in die Augen schauen. Das Zähne zeigen ist kein Problem, wenn es täglich geübt wurde. Mit der rechten Hand deckt der Besitzer die Augen ab und zieht die Lefzen hoch, mit der linken hält er das Halsband und entblößt die unteren Zähne. Niemals sollte ein Hund im Ring sitzen, das macht so einen müden Eindruck und er soll sich ja von seiner schönsten Seite präsentieren.

Abb. 52: *Pepe* und *Landra vom rauhen Stein* (Foto: C. BERG).

Es ist eine leidige Unart, Richterschelte zu üben, wenn die Beurteilung nicht den Erwartungen entspricht. Der Richter urteilt gewissenhaft nach den Richtlinien des Kromfohrländer-Standards. Aber vielleicht war Ihr Hund nervös oder Sie selbst? Vielleicht hatten Sie Ihren Partner nicht optimal vorbereitet? Hierzu gehört außer Training auch das äußerliche Zurechtmachen. Bekanntlich wird ein Kromfohrländer nicht maschinell getrimmt, nicht gepudert und nicht angemalt. Aber ein bißchen kann man das Haarkleid wohl korrigieren; dem einen die Stirnlocken kürzen, damit der Blick frei wird; dem anderen den Bart stutzen, daß er nicht wie ein Hippie aussieht; da an den Hosen etwas abnehmen und dort die Löwenmähne ausdünnen. Das Gesamtbild des Hundes wird damit nicht verfälscht, doch erscheint er ausdrucksvoller und harmonischer.

Die Hundeschauen sind Schönheitsschauen, die vergebenen Titel sagen das deutlich. Das begehrte CACIB heißt Certificat d'Aptitude au Championnat International de Beauté. Die Untertitel »sehr gut«, »gut« etc. beziehen sich auf die Schönheit. Ausschlaggebend für das Richterurteil ist der Formwert des Hundes am Ausstellungstag.

Ausstellen - warum?

Ganz klar tritt das Interesse eines Kromfohrländerbesitzers zutage: Er möchte seinen Hund zeigen, er möchte seinesgleichen sehen, er möchte einen Preis erringen. Das Urteil eines erfahrenen Hunderichters bestätigt ihm den Wert seines vierbeinigen Gefährten.

Für den Züchter spielen noch weitere Gesichtspunkte eine Rolle. Beim Beobachten des Richtens, im Gespräch mit anderen Züchtern, im Vergleich mit anderen Rassen schult er Ohr und Auge und bekommt eine Menge Anregungen. Wie interessant zum Beispiel ist es, einen Foxterrier oder einen Griffon, die Ureltern unserer Kromfohrländer, mit unseren Hunden zu vergleichen. Das Besondere unserer jungen Rasse tritt deutlich hervor.

Wichtig für den Züchter ist der Kontakt mit dem Publikum. Den Krom-fohrländer kann man am besten im direkten Gespräch beschreiben. Bei großen Ausstellungen ist auch der Rassezuchtverein mit einem Infor-mationsstand vertreten (z.B. Dortmund).

Abb. 53: *Balou vom Kattenbach* (Foto: I. BECKER).

Ausstellen – wen?

Die zahlenmäßig großen Rassen haben es einfach mit der Entscheidung, wen sie ausstellen; die kleinen Rassen greifen auf einen durchgezüchteten Stamm zurück. Die Neuen, wie es die Kromfohrländer sind, können da nicht aus dem vollen schöpfen. Bedingt durch die geringe Anzahl der Hunde, die zudem weit über das Bundesgebiet bis in die Schweiz verstreut sind, schaffen es oft gerade einmal zehn Hunde zur Schau. (Nur in Dortmund sind es auch mal mehr als 20.) Dazu kommt das Problem zweier Spielarten, die in einem Standard bestehen.

Um das Publikum ausreichend zu informieren, hat es sich als zweckmäßig erwiesen, beide Spielarten zu zeigen. So sitzen die Bärtigen und die Bartlosen friedlich nebeneinander und werden im Ring gleichzeitig gerichtet: Ein CACIB für ihn, ein CACIB für sie.

Konkurrenzdenken entfällt, die Titel reichen aus, um beide Variationen auszuzeichnen. Für die Weiterentwicklung der Rasse braucht der Club alle Tiere, um den Standard zu festigen und zu verbessern.

Die Hunde sitzen zudem in verschiedenen Altersklassen, die wiederum getrennt gewertet werden. Die ganz erfahrenen alten Schönheitschampions treten außer Konkurrenz in den Richterring, in der Offenen Klasse werden die Erwachsenen gerichtet, und die Jugendklasse sowie die Jüngsten unterliegen einer milderen Beurteilung. Es scheint daher ganz ratsam, wenn man seinen Junghund oder Jüngsten schon mal bei einer Ausstellung vorführt. Er bekommt ein »vielversprechend« und orientiert sich und seinen Herrn »unverbindlich« über das Ausstellungswesen.

Haben Sie eine Auszeichnung für Ihren Hund errungen und viel lobende Worte von Zuschauern gehört, so werden Sie zufrieden die Heimfahrt antreten. Aber auch wenn der Tag nach Ihrer Meinung nicht ein voller Erfolg war, haben Sie teilgenommen am Bemühen der Kromfohrländer-Freunde, diesen erstaunlichen Hund bekannter zu machen.

Plazierungen

Die vier besten Hunde sind zu plazieren, sofern sie die Formwerte »vorzüglich« oder »sehr gut« erhalten haben. Weitere Plazierungen sind unzulässig. Die Plazierung muß fortlaufend sein.

Werden mehr als vier Hunde mit »vorzüglich« oder »sehr gut« bewertet, bleiben der fünfte und weitere Hunde unplaziert.

Beispiel:

V 1	oder	V 1	oder	V 1	oder	V 1	oder	Sg 1	oder	G
V 2		V 2		Sg 2		V 2		G		G
V 3		Sg 3		G		G				G
V 4		Sg 4		G		G				G
V		Sg								
V										

Möglichkeiten der CACIB- u. Res.-CACIB-Vergabe

Offene Klasse	Siegerklasse	Gebrauchshundklasse
Vorzüglich I	Vorzügich I	Vorzüglich I
Vorzüglich II	Vorzüglich II	Vorzüglich II

Wenn das CACIB vergeben wird an:	dann kann das Res.-CACIB vergeben werden an:	
Offene Klasse	Offene Klasse	Vorzüglich II
Vorzüglich I	Siegerklasse	Vorzüglich I
	Gebrauchshundklasse	Vorzüglich I
Siegerklasse	Siegerklasse	Vorzüglich II
Vorzüglich I	Offene Klasse	Vorzüglich I
	Gebrauchshundklasse	Vorzüglich I
Gebrauchshundklasse	Gebrauchshundklasse	Vorzüglich II
VorzüglichI	Offene Klasse	Vorzüglich I
	Siegerklasse	Vorzüglich I

Abb. 54: Siegreiche Kromfohrländer in Frankfurt 1998 (Foto: I. BECKER).

10 Die Ernährung

Kaum ein anderes Thema kann in Hundebesitzerkreisen die Gemüter so erhitzen wie die leidige Frage, womit man denn nun seinen Hund füttern soll. Warum eigentlich? Gibt es die Spezies der Caniden (Hundeartigen) nicht schon seit vielen tausend Jahren? Begleiten die Hunde nicht schon seit Menschengedenken ihre Herren, seien es Bauern, Jäger, Adelige oder einfache Leute? Und was bekamen die Hunde zu fressen? Das was der Mensch übrig gelassen hat. Die Jagdhunde bekamen die Abfälle vom Wild, die Haus- und Hofhunde bekamen Schlachtabfälle. Aber da nicht jeden Tag gejagt und geschlachtet wurde, waren altbackenes Brot und Essensreste die tägliche Hauptspeise. ILSE SCHLEIFENBAUM hatte in der harten Nachkriegszeit bestimmt auch nicht die Mittel, um ihren vielen Kromfohrländern täglich leckeres ausgewogenes Futter auf der Basis von hochwertigem Fleisch in die Näpfe zu füllen. Ganz davon abgesehen, daß Trockenfertigfutter in Deutschland noch nicht bekannt war. Auch hatten die Menschen in der Nachkriegszeit zuerst einmal damit zu tun, sich und ihre Kinder satt zu bekommen. Und trotzdem hat sich die Rasse der Kromfohrländer mit erstaunlicher Zähigkeit behauptet und wir erfreuen uns heute einer wachsenden Population. Warum sind nun auf einmal viele so verunsichert, ob der Hund wirklich das Richtige frißt? Um den Hund besser zu verstehen, muß man seine Ursprünge kennen.

Exkurs zu der Anatomie und Physiologie des Wolfes

Unsere Haushunde, und damit natürlich auch der Kromfohrländer, stammen vom Wolf ab. Durch Domestikation, also dauerhafte genetische Veränderung durch gezielte Selektion, wurde der Haushund in seinen heutigen, vielfältigen Erscheinungsformen vom Mensch sozusagen geschaffen. Das ursprüngliche Erscheinungsbild wurde bis zur Unkenntlichkeit verändert; ebenso verschwanden viele Verhaltensmuster. Doch ernährungsphysiologisch gesehen ist der Haushund immer noch ein Wolf.

Von seiner Gebißstruktur sind der Wolf und der Haushund eindeutig den Carnivoren (Fleischfressern) zuzuordnen. Der Wolf ist ein Jäger und mit seinen Schneidezähnen und Fangzähnen kann er Beute reißen, mit den zackigen Backenzähnen, die nicht genau aufeinander passen, Brocken grob zerkleinern. Die Nahrung wird geschlungen und zu diesem Zweck mit dem Speichel geschmeidig gemacht. Eine enzymatische Wirkung des Speichels besteht nicht.

Ein Jäger ernährt sich von Beutetieren. Die Betonung liegt auf Tieren, also Fleisch, Sehnen, Fell, Innereien und Darminhalt. Die Beutetiere sind in der Regel Pflanzenfresser und so besteht der Darminhalt aus vorverdauter Pflanzenkost. Deshalb wird auch immer wieder betont, daß der Hund nur aufgeschlossene Kohlenhydrate und pflanzliche Kost verwerten kann. Doch der Wolf verachtet auch Beeren, Wurzeln oder Pilze nicht. All dies wurde in den Mägen von Wildtieren gefunden. Hauptenergielieferanten sind jedoch Eiweiße und Fette. Diese kann er ohne Mühe in größeren Mengen und mit einer kurzen Darmpassage (ca. 1 bis 2 Tage) verdauen. Eine Zugabe von Fett macht auch heute noch dem Hund jedes Futter schmackhafter. Als Jäger ist sein Organismus zwangsläufig darauf eingestellt, mehrere Hungertage ohne größeren Schaden zu überstehen. Nach erfolgreicher Jagd wird dann der Bauch hemmungslos vollgeschlagen. Wer weiß, wann es wieder etwas gibt. Deshalb ist das Fassungsvermögen eines Wolfmagens sehr groß. Im Verhältnis zur Körpergröße beträgt es ein Vielfaches des Pflanzenfressermagens. Da der Haushund hier dem Wolf noch ähnelt, wird ein Überangebot an Futter ihm zum Verhängnis. Übergewicht ist eine mögliche Folge, wenn er sich zu oft den Bauch »überfüllen« kann.

Abb. 55: Es ist genug für alle da (Foto: E. v. WESTARP).

Vergleich zum Pflanzenfresser (Herbivoren)

Bei den Pflanzenfressern sieht schon das Gebiß ganz anders aus. Die Eckzähne sind kleiner und die Backenzähne sind flach und passen gut aufeinander; sie sind zum langsamen Zermahlen von Fasern geeignet.
Der Speichel ist viel reichlicher vorhanden und enthält bereits Verdauungsenzyme. Beim langsamen Kauen wird das Futter mit enormen Mengen von Speichel gut vermischt und für die Verdauung vorbereitet. Rohe Pflanzenkost ist schwer verdaulich, was der Pflanzenfresser mit seinem Gebiß, seinen Verdauungsenzymen, einem enorm langen Darm und einer entsprechend langen Passage (ca. 4 Tage) bewältigt.

Rohkost für den Hund?

Wie oben beschrieben, kann der canide Verdauungsapperat kleine Mengen an pflanzlicher Rohkost (z.B. Möhren) verarbeiten. Wenn bereits der Welpe daran gewöhnt wird, stellt sich das Verdauungssystem darauf ein. Es muß dann mehr Enzyme bilden. Der erwachsene Hund kann langsam daran gewöhnt werden. Gelegentliche Rohkost widerspricht nicht den natürlichen Freßmustern der Caniden. Ausschließlich pflanzliche Rohkost bedeutet Mangelernährung

Fertigfutter, das »Einzig Wahre«?

Wenn nun der Wolf mit einem relativ unregelmäßigen und auch qualitativ schwankenden Futterangebot seit tausenden Jahren ganz gut überleben konnte, brauchen wir uns doch eigentlich nicht so viele Gedanken zu machen. Oder doch? Der Wolf konnte und kann sich sein Futter selbst erjagen und aussuchen was er gerade nötig braucht. Instinktiv suchen sich Wildtiere die Nahrung, die der Organismus gerade benötigt. Noch heute können wir z.B. unsere Haushunde beobachten, wie sie genüßlich junge Grashalme kauen. Entgegen der verbreiteten Ansicht, spricht das eher selten für ein bevorstehendes Erbrechen des Hundes, und schon gar nicht für bevorstehendes Regenwetter, sondern einfach für Appetit auf frisches Grünzeug. Deshalb sollten wir unseren Hunden regelmäßig Kräuter, Salat oder Gemüse unter das Futter mischen. Insgesamt sind die Hunde jedenfalls unserem guten Willen mit Haut und

Haaren ausgeliefert. Zu Fressen gibt es nur das, was wir in den Napf tun. Und da wir nicht mehr ums nackte Überleben kämpfen müssen, haben wir die Muße, uns über die Ernährung unserer Haustiere Gedanken zu machen. Und natürlich möchte man das richtig machen, aber ohne großen Aufwand. Und so wie es die Industrie schon einmal schaffte, den jungen Müttern fast ganz das Stillen abzugewöhnen - das Fläschchen sei doch viel sicherer und besser und einfacher... so werden in zunehmendem Maße die Hundebesitzer verunsichert, wenn es um die Ernährung ihrer Lieblinge geht. Aber Hand auf's Herz, ist es nicht häufig die Bequemlichkeit, die uns nach dem Trockenfutter greifen läßt? Lassen wir uns nicht zu gerne sagen, daß wir damit nur »das Beste für unsere Hunde« tun? Kann es wirklich das Beste für einen Organismus sein, auschließlich konservierte Nahrung zu konsumieren? Es steckt ein Milliardengeschäft hinter der ganzen Sache, und deshalb wird der Konkurrenzkampf der Futtermittelindustrie um die Millionen von Haustierbesitzern immer intensiver. Es ist schier unglaublich, was sich die Hersteller in der Werbung alles einfallen lassen, um ihre Produkte als das »Einzig Wahre« darzustellen und damit Marktanteile zu erobern. Allein die Produktpalette an »Leckerlies« ist so umfangreich, daß man es schon reichlich dekadent finden kann. Außerdem machen diese meist viel zu süßen Sachen unsere Hunde nur dick oder sogar krank. Wohlstandskrankheiten wie Diabetes, sind auch bei den Hunden auf dem Vormarsch.

Zu weiteren Risiken und Nebenwirkungen fragen Sie doch ihren gesunden Menschenverstand!

Weiterführende Literatur wäre nicht schlecht. Ratschläge zur Ernährung werden unter Kromfohrländerbesitzern gerne weitergegeben.

Abb. 56: »Recycling« (Foto: C. BERG)

Woran erkennen sie nun, ob Sie Ihren Hund richtig füttern?

Ist er munter und verspielt?
Ist sein Bewegungsbedarf seinem Alter angemessen?
Ist das Fell glänzend und haart nicht übermäßig?
Ist die Haut frei von starken Schuppen oder Juckreiz?
Ist die Verdauung regelmäßig, d.h. mindestens einmal täglich geformter Kotabsatz?
Ist das Gewicht konstant und Geschlecht und Größe entsprechend? (Die Züchter geben da gerne Auskunft).
Bestehen keine nennenswerten Blähungen oder Maulgeruch?

Wenn Sie diese Fragen mit ja beantworten können, machen sie bestimmt nichts verkehrt und der Hund scheint außerdem kerngesund zu sein.

Entscheidend ist, daß der Hund gesund alt wird. Und das kann man sehr gut mit einer im Durchschnitt ausgewogenen Mischkost erreichen. Mineralisierte Futterzusätze sind in Maßen zu verwenden, jede Übertreibung nach dem Motto »viel hilft viel« ist zu vermeiden, weil auch sie Schaden anrichten kann. So stört z.B. eine zu hohe Zugabe von reinem Kalzium die Absorption von Zink und Kupfer, was zu Hautproblemen führen kann.

Die meisten Züchter haben die Welpen bereits an eine Mischkost gewöhnt, d.h. der Welpe verträgt sowohl Fertigfutter in trockener und feuchter Form, als auch Selbstgekochtes. Folgen Sie zuerst einmal den Empfehlungen des Züchters, um dem Welpen die Eingewöhnung zu erleichtern. Danach können Sie schrittweise die Ernährung nach Ihren Vorstellungen einrichten.

Als kleine Starthilfe hier ein möglicher Tagesablauf für die verschiedenen Altersstufen:

Abb. 57: Fressen macht müde (Foto: C. BERG).

Der junge Hund

Als Frühstück wird immer gerne ein Müsli genommen aus verdünnter Milch oder verdünntem Quark, Hundeflocken, etwas Obst (z.B. zerdrückte Banane oder geraspelter Apfel) und einigen Tropfen gutem Öl. Zugeben kann man abwechselnd etwas Honig, Blütenpollen oder Hefeflocken, zweimal die Woche ein rohes Eigelb.

Abb. 58: Brüderlich geteilt (Foto: C. BERG).

Mittags und abends eine Portion aus folgender Mischung:
- Hackfleisch (kurz aufgekocht) von Rind oder Lamm, pro Tag ca. 200 gr. Statt Fleisch können Sie auch Fisch oder 1 bis 2 hartgekochte Eier nehmen (Feinst zerkleinerte Eierschalen sind übrigens ein guter Kalziumlieferant). Besonders beliebt und gehaltvoll ist Herz, vom Rind oder auch vom Hähnchen.
- Hundeflocken in gleicher Menge (nicht gleiches Gewicht) oder gekochte Kartoffeln oder Reis in wechselnder Zusammensetzung.
- Gemüse und Kräuter in der Menge wie die Hundeflocken. Außer Zwiebeln, Kohl und Rettich kann fast alles Gemüse gegeben werden, was auch bei Ihnen auf den Tisch kommt. Zerkleinern Sie es gut, am besten im Mixer und mischen sie es gut unter. Rohkost muß zur besseren Verdaulichkeit immer fein zerkleinert werden.

Wer es sich da einfacher machen möchte, kann pelletierte Karotten (beugt bei sehr jungen Welpen Durchfall vor) und Kräutermischungen (ohne Vitaminzugabe!) im Zoofachhandel kaufen.

Füttern Sie zwischendurch das Rindfleisch auch mal roh, das tut ihrem Hund gut. Schwein darf wegen der Gefahr des Aujeszky-Virus nicht roh gefüttert werden. Bei Geflügel besteht eine gewisse Gefährdung durch Salmonellen. Auch hier empfiehlt sich immer eine Garung.

Wichtig ist gerade beim jungen Hund die regelmäßige Fütterung, da sich die Verdauung darauf einstellt und die Sauberkeitserziehung dadurch erleichtert wird.

Der erwachsene Hund

Das morgendliche Müsli wird ein Leben lang gerne genommen. Möglich und beliebt ist auch ein Wurst- oder Käsebrot (möglichst Körnerbrot) als Frühstück.

Die Hauptmahlzeit, Futtermischung wie oben, abends nach dem großen Spaziergang. Das entspricht dem Verhalten des Jägers, erst die Jagd und dann die Beute. Der Stoffwechsel wird durch die Bewegung angeregt und das Futter wird über Nacht optimal verdaut. Regelmäßig einen Löffel Obstessig ins Futter zu geben, ist sehr bekömmlich und wirkt sich gut auf den Stoffwechsel aus, ebenso regelmäßig frischer Knoblauch. Wird das Futter dann noch kurz in der Pfanne angebraten, duftet es so verlockend, da braucht es keine künstlichen Lockstoffe mehr, die übrigens ohne jegliche Deklarationspflicht im Fertigfutter sein dürfen. Die Menge des Futters richtet sich nach der Aktivität und der Konstitution Ihres Hundes. Da ist die persönliche Beobachtung gefragt.

Der alte Hund

Auch der hat besondere Bedürfnisse. Der Eiweißgehalt des Futters muß etwas reduziert werden, dafür sollte die Verdaulichkeit hoch sein. Eier und Fisch eignen sich besonders gut, ebenso Quark oder Hüttenkäse. Als Zusatz gibt es jetzt öfter gut gekochten (matschigen) Reis oder Kartoffelbrei, den kann man auch mal aus der Tüte nehmen. Die Portionen werden wieder kleiner und häufiger gegeben. Den Senior dürfen Sie ruhig ein bißchen verwöhnen.

Hier das Lieblingsrezept einer fast zwölfjährigen Seniorin:

Eine Mischung aus einer Tasse weichgekochtem ungeschältem Reis, einem Teelöffel Öl, einem hartgekochten Ei oder gekochtem Hühnchen und etwas Petersilie.

Dieses Rezept eignet sich wegen seiner hohen Verdaulichkeit auch vorzüglich als Reisekost, wenn wenig Stuhlgang wünschenswert ist.

Weit entfernt vom ursprünglichen Verhalten hat sich der »mäkelige Fresser«

Man hört immer wieder von Hunden, die angeblich fast nichts fressen ohne dabei abzunehmen. Irgend etwas kann da wohl nicht stimmen. Hündinnen in der Phase der Scheinträchtigkeit oder Rüden mit Liebeskummer fressen wirklich zeitweise schlecht. Aber das sind vorübergehende Ausnahmesituationen.

Ist der Hund aber einfach mäkelig, sollte man einmal aufschreiben was der Hund so den ganzen Tag nebenher aus der Hand bekommt, sei es als Erziehungshilfe, oder nur als Antwort auf den Bettelblick. Es kann nicht sein, daß ein gesunder Hund vor einem gefüllten Futternapf verhungert. Meist weiß der Racker nur zu gut, daß Herrchen sich doch erweichen läßt und bei Futterverweigerung ganz schnell die Lieblingsbissen hervorzaubert. Doch vor diesem Verhalten muß gewarnt werden. Erstens erziehen Sie sich einen Tyrannen und zweitens können dann Mangelerscheinungen vorkommen.

Ein regelmäßiges, im Durchschnitt ausgewogenes Futter sollte schon sein, sei es selbstgekocht oder industriell hergestellt.

Was nach zehn Minuten nicht gefressen ist, zur Seite nehmen, kühl stellen und zur nächsten Mahlzeit anbieten. Vielleicht war die Ration auch zu groß. Hunde die immer Futter im Napf haben, entwickeln sich leicht zu diesen verwöhnten Fressern, denen man fast gar nichts mehr recht machen kann, oder die auf der Zugabe von den unmöglichsten Leckereien bestehen. Sie haben dann ihr Herrchen in ihrem Sinn »erzogen«.

Widernatürlicher Appetit

Sehr irritiert reagieren viele Hundebesitzer, wenn ihr Hund Kot oder Aas frißt. Dies ist aber ein Zeichen, daß im Organismus der Säure-Basen-Haushalt gestört ist. Hervorgerufen wird ein Säureüberschuß zum Beispiel durch zuviel tierisches Eiweiß in der Nahrung. Der Hund sucht sich basenbildende, alkalische Stoffe und die findet er in Schafs- oder Pferdekot in Form von verdauten Pflanzenfasern. Da das zugegebenermaßen unappetitlich ist, füttern Sie in diesem Fall ein wenig alten Camembert oder Romadur. Das stillt den Aashunger. Überprüfen Sie auch den Speisezettel ihres Hundes auf Ausgewogenheit.

Zum Abschluß noch einige Regeln:

- Regelmäßig und abwechslungsreich füttern. Selbstgekochtes und Fertigfutter im Wechsel.
- Beim erwachsenen Hund schadet ein gelegentlicher Fasttag nicht.
- Futterumstellungen über mehrere Tage verteilt vornehmen, um Verdauungsstörungen zu vermeiden.
- Immer frisches Wasser bereitstellen.
- Futter bei Zimmertemperatur anbieten, nicht aus dem Kühlschrank!
- Zwischendurch harte Nahrung zum Nagen geben, z.B. Trocken-pansen, Knochen aus Rinderhaut, Schweineohren, Hundekuchen oder trockenes Brot etc. (Wichtig zur Reinigung der Zähne!). Beschränken Sie die Leckerlies auf ein Mindestmaß. Ein Stück Fleischwurst oder Käse zur Belohnung ist allemal gesünder als die zuckerhaltigen, gefärbten »Hundesnacks« in Form von Hamburgern oder Hot dogs.
- Schweine- und Hühnerfleisch nicht roh verfüttern. Rohes Rindfleisch schadet nicht, sondern wird gern genommen und gut vertragen.
- Vom Ei nur das Eigelb roh füttern. Rohes Eiklar behindert die Aufnahme bestimmter Nährstoffe, speziell von Biotin.
- Milch nicht gemeinsam mit Fleisch füttern, das kann Durchfall hervorrufen.
- Läßt der Hund regelmäßig Reste im Napf, Portionen verkleinern.
- Gewichtsentwicklung beobachten. Nimmt der Junghund richtig zu? Hält der erwachsene Hund sein Idealgewicht?

Wer sich unter den Rassehunden den Kromfohrländer aussucht, diesen Charmeur im »Mischlingslook«, hat in der Regel genug Selbstbewußtsein, um sich auch in Sachen Futter seine eigene Meinung zu bilden und sich von der Futtermittelindustrie kein »x« für ein »u« vormachen zu lassen.

11 Die Gesundheit

Einen gesunden Hund, der uns bis ins hohe Alter voller Lebensfreude begleitet und dann sanft entschlummert, das wünscht sich jeder Hundehalter. Doch geschenkt bekommen das die Wenigsten und auch diejenigen, die ihren Hunden die besten Lebensumstände bieten, werden manchmal schmerzlich enttäuscht. Sei es durch eine frühe Krankheit, oder noch schlimmer durch frühen Tod. Hunde sind nun mal Lebewesen, die mit Fehlern behaftet sein können. Ein wichtiges Ziel der Rassehundezucht ist es deshalb, wenigstens das Auftreten von möglichen Erbkrankheiten zu minimieren. Ganz ausmerzen kann man einen Erbfehler in einer Population nie. Aber dagegen arbeiten kann und muß man. In unserem Rassezuchtverein wird dieses Ziel mit großem Ernst verfolgt.

Abb. 59: Gesund und vital (Foto: I. WEIHE).

Wenn wir nun über die Gesundheit des Hundes sprechen, meinen wir die Erhaltung der Gesundheit. Im Kapitel über die Ernährung wurden schon Anregungen dazu gegeben. Begleiten wir im Folgenden unsere Hunde am Besten in ihrer Entwicklung und ihrer Lebenszeit. Es treten ganz altersspezifische Probleme und Gesundheitsstörungen auf und diese wollen auch entsprechend gewichtet und behandelt werden.

Der Welpe

Das kleine Wesen, das Sie sich ins Haus holen, steht in der wichtigsten Entwicklungsphase seines Lebens. Schon beim Züchter wurde im Rudelverbund mit Mutter und Geschwistern ein Grundstein für eine gesunde Entwicklung gelegt. Durch wechselnde Umweltreize wurden das Sozialverhalten und die seelische Robustheit trainiert. Das Immunsystem ist noch in Entwicklung und somit ist die Fähigkeit, mit neuen Umgebungskeimen fertig zu werden, noch nicht vollständig ausgebildet. Erst mit ungefähr einem Jahr ist das Immunsystem zuverlässig trainiert. Durch Impfungen wird heute eine große Sicherheit gegen gefährliche **Infektionskrankheiten** wie z.B. die Staupe gegeben. Welpenspielgruppen dürfen deshalb nur mit geimpften Welpen besucht werden. Unbedingt zu empfehlen ist die Impfung gegen **Zwingerhusten**. Fragen Sie beim Züchter danach.

Viele junge Hunde haben ab und zu mit ganz speziellen Jugenderkrankungen zu kämpfen. Relativ häufig treten z.b. an den Augen **Bindehautentzündungen** auf, die manchmal mit Follikelbildung in der Nickhaut einhergehen und nur durch Ausschaben kuriert werden können. In den meisten Fällen ist es beim erwachsenen Hund damit vorbei. Ein häufig beklagtes Symptom bei Rüden, ist der **Vorhautkatarrh**, der sich durch beständigen, klebrigen Ausfluß bemerkbar macht. Zu behandeln ist diese in der Regel harmlose Krankheit einfach durch Spülungen und die Heilungsaussichten sind sehr gut. **Ekto- und Endoparasiten** (Flöhe, Zecken, und die Darmparasiten) sind beim Junghund häufig anzutreffen. Deshalb rät jeder Züchter zu regelmäßigen Wurmkuren und zu einer Zecken- und Flohprophylaxe. Die Durchseuchung der Zeckenpopulation mit Borrellien und den eigentlich nicht heimischen Babesien nimmt leider auch in unseren Breiten zu. Babesien speziell im Süden, Borrellien in allen Gebieten. Fragen Sie Ihren Tierarzt nach seinen Erfahrungen, vielleicht rät er auch zu einer Impfung.

Vor einer starken Auskühlung des Welpen ist wegen einer möglichen **Blasenentzündung** zu warnen. Blut im Urin ist eines der Symptome. Es gibt da besonders empfindliche Kandidaten, was sich in der Regel aber auch »verwächst«. Denken wir doch nur an unsere Kindergartenkinder, die ständig einen Schnupfen oder Halsweh mit nach Hause bringen.

Hat der Hund seinen ersten Geburtstag hinter sich, können wir schon fast vom erwachsenen Hund reden. Bezüglich Geschlechtsreife ist er das auch, aber seine körperliche Entwicklung ist noch lange nicht abgeschlossen. Nicht umsonst wird der erste Zuchteinsatz nicht vor dem vollendeten 18. Lebensmonat erlaubt.

Abb. 60: »Sand reinigt den Magen...« (Foto: C. BECKER).

Zur Pflege des jungen Hundes ist zu sagen, daß man ihn unbedingt an regelmäßige **Fellpflege** und **Zahnkontrolle** gewöhnen muß. Sind die Zähne zwar jetzt noch schneeweiß, so wird in den meisten Fällen irgendwann einmal Zahnstein auftreten, und dem kann man durch Putzen oder geeignete Kauutensilien vorbeugen. Hat sich der Zahnstein verhärtet, kann am besten der Tierarzt helfen.

Für die **Fellpflege** genügt beim Kromfohrländer meist eine Bürste. Das regt die Durchblutung der Haut an und säubert das Fell von trockenen Verschmutzungen. Ein Baden mit Shampoo ist nicht nötig, es sei denn, Ihr Hund hat sich in etwas Unappetitlichem gewälzt. Bitte nur spezielle Hundeshampoos verwenden. An heißen Sommertagen oder nach dem Haarwechsel im Frühjahr und Herbst duscht man den Hund lediglich gründlich warm ab. Das schwemmt alle toten Haare heraus und fördert das Wohlbefinden des Hundes.

Werden die Haare länger und dichter oder neigen gar zum Verfilzen, ist ein Auszupfen der toten Haare anzuraten. Das kann von Hand oder mit einem speziellen Striegel gemacht werden. Speziell die sehr langhaarigen Exemplare entwickeln durch dieses »Trimmen« sogar wieder schönere Farbe in den Flecken. Außerdem fühlt sich ein gepflegter Hund wohler, denn totes, verfilztes Haar erzeugt Juckreiz und beherbergt leicht Ungeziefer oder Kletten. Es sei angemerkt, daß die ganz langhaarigen Vertreter nicht mehr dem Zuchtziel entsprechen, aber immer noch in einigen Würfen auftreten und ihre Liebhaber finden. Auch die Fellveränderung nach Kastrationen erfordert häufig mehr Pflegeaufwand, doch dazu später mehr.

Abb. 61: SYBILLE NAß erklärt das »Trimmen« (Foto: E. V. WESTARP).

Der erwachsene Hund

Das erste Symptom des Erwachsenwerdens ist der Eintritt der **Geschlechtsreife**. Und da werden besonders die Hündinnenbesitzer gefordert. Dieser natürliche Vorgang, genannt **Läufigkeit**, der sich durch eine Blutung von ca. 14 bis 20 Tagen zeigt, bringt bei der Hündin meist einen Entwicklungsschub körperlicher und wesensmäßiger Art mit sich. Richtig ausgewachsen ist eine Hündin erst nach der zweiten Läufigkeit. Die Zyklen schwanken von vier Monaten bis zu zwölf Monaten. Normalerweise bleibt der Läufigkeitsabstand bei einer bestimmten Hündin konstant. Bis zu einem Alter von 5 bis 7 Jahren bleibt der Sexualzyklus meist regelmäßig. Danach können zwar die Abstände größer werden, die Läufigkeit tritt aber bei der Hündin bis ins hohe Alter auf. Eine Menopause wie beim Menschen kennt man beim Hund nicht.

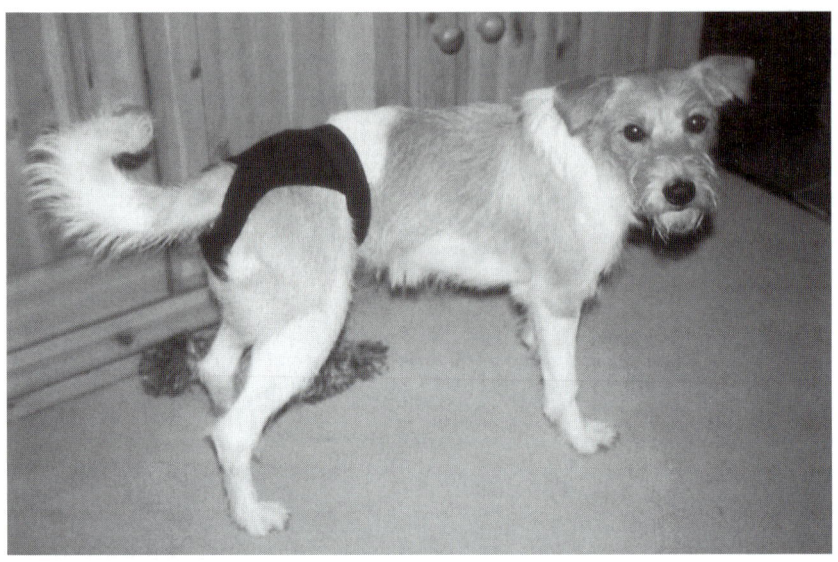

Abb. 62: Prävention für Hund und Haus (Foto: K. HARTMANN).

Ansonsten sollte die Sexualität des Hundes als natürlicher Bestandteil des Hundelebens betrachtet werden und nicht als lästiges Übel. Leichte soge- nannte Scheinträchtigkeiten sollten im Einzelfall beurteilt werden, ob alles noch im physiologischen Bereich liegt. Eine leichte Scheinträchtigkeit braucht keine Indikation für eine Kastration darzustellen. Auch die häufig diskutierten und empfohlenen Vorteile der Frühkastration wie Vermin- derung des Krebsrisikos oder einfach das Ausbleiben der Läufigkeit sollten gegen die möglichen, unerwünschten Nebenwirkungen abgewo- gen werden. Auftreten können Harnträufeln, Gewichtszunahme, Bildung von Welpenfell mit reichlich feiner Unterwolle oder Haarausfall. Ob und welche Nebenwirkungen auftreten werden, ist nicht vorhersagbar. Beim Kromfohrländer wurden aber schon alle Fälle beobachtet.

Der geschlechtsreife Jungrüde zeigt gelegentlich eine gesteigerte sexuelle Aktivität, was aber in der Regel ein Erziehungs- und kein Gesundheits- problem darstellt. Manche Rüden sind sexuell hyperaktiv, ob sie nun decken dürfen oder nicht. Ein Zuchteinsatz ändert das Wesen eines Rüden diesbezüglich nicht. Ebenso wird ein schlecht erzogener »Rambo« durch eine Kastration nicht zum sanften Lamm. Kastration kann weder bei Rüde noch Hündin eine mißratene Erziehung ausgleichen.

Abb. 63: *Camillo vom Telgoth* beim Agility (Foto: E. LANGER).

Abb. 64: »Kein Hindernis!« (Foto: V. ISOKEIT)

Ausreichende Aktivitäten, seien es Spaziergänge, Spiele, Hundesport, Kontakte mit anderen Hunden in den Welpenspielgruppen oder Junghundgruppen, fördern die seelische Ausgeglichenheit. Ein ausgeglichenes Wesen stärkt das Immunsystem und damit die Gesundheit. Diese Faktoren sind mindestens so wichtig wie die richtige Ernährung.

Beim erwachsenen Hund sollten im Idealfall außer den Impfungen keine Tierarztbesuche nötig sein. Der Kromfohrländer ist eigentlich ein sehr robuster Hund. Schwächen können im Bewegungsapparat vorkommen, was besonders bei regelmäßig betriebenem Hundesport beachtet werden muß. Eine vorsorgliche Untersuchung ist besonders empfehlenswert, wenn Agility turniermäßig betrieben werden soll. Hier sei darauf hingewiesen, daß unsere temperamentvollen, springfreudigen Hunde sich leicht übernehmen. Überfordern Sie deshalb den Junghund nicht durch langes Rennen neben dem Fahrrad oder stundenlange Bergwanderungen. Auch sollten Sie ihn beim Spiel nicht zu immer höheren Sprüngen nach dem Bällchen auffordern. Er wird alles mit Begeisterung mitmachen aber zu leicht nehmen die noch nicht gefestigten Gelenke des Hundes Schaden. Eine frühe Arthrosebildung kann die Quittung sein. Bei manchen Rassen wird ja dazu geraten, bis zu einem Alter von ca. neun Monaten keine Treppen laufen zu lassen. Soweit brauchen wir mit unseren Kromfohrländern nicht zu gehen. Ist eine Treppe mit Teppich belegt, kann auch der Welpe schon Stufen erklimmen.

Abb. 65: Pause muß auch sein (Foto: S. Naß).

Ferner haben manche Kromfohrländer empfindliche Nieren oder bilden Harngries, speziell die Rüden. Dies sollte unter tierärztlicher Beobachtung bleiben. Die Zuchtwarte des Vereins geben jederzeit gerne Auskunft, wenn es um Fragen der Fütterung in solchen Fällen geht. Es wurde beobachtet, daß besonders der Bildung von Struvitsteinen durch die richtige Ernährung begegnet werden kann. Wichtig scheint auf jeden Fall,

daß der Kromfohrländer ausreichend trinkt, speziell bei Trocken-
fütterung. Deshalb bitte Trockenfutter kurz in warmem Wasser einweichen, ca. 300 ml pro Mahlzeit. Wenn ihr Hund lieber knackige Pellets
frißt, lassen sie diese nur ganz kurz einweichen. Das Wasser wird sicher
mitgeschlabbert, da es den Geschmack angenommen hat.

Genetisch bedingte Störungen und deren Bekämpfung

Angeborene Erkrankungen, die übrigens nicht immer genetisch bedingt
sein müssen, sondern sich auch in der Trächtigkeit entwickeln können,
sind ein Thema in der ganzen Rassehundezucht.

Beobachtet werden bei vielen Hunderassen, und so auch beim Kromfohrländer, **krampfartige Anfälle.** Zu behandeln ist diese Epilepsie mit
Medikamenten und die Hunde können in der Regel genauso alt werden
wie der Rassedurchschnitt. Eine häufige Frequenz der Anfälle wird eher
selten beobachtet. Selbstverständlich wird in unserem Rassezuchtverein
dieses Problem durch Verpaarungsvorschriften intensiv bekämpft.

Ebenso wird vereinzelt eine **Hornbildungsstörung** an den Pfotenballen
beobachtet, die man auch von den Terriern kennt. Bei guter Pflege, Krallen-
schneiden und Balleneincremen sind wichtig, ist der Hund weder in seiner
Lebensqualität noch in der Lebenserwartung nennenswert beeinträchtigt.

Abb. 66: Gut drauf trotz Epilepsie (Foto: A. PREUß).

Um das Auftreten dieser Störungen zu minimieren, hat die Zuchtleitung zuchtlenkerische Maßnahmen zur Erhaltung der Gesundheit der Hunde beschlossen und führt sie konsequent durch. Durch gezielte **gesundheitliche Untersuchungen** vor der **Zuchtzulassung** eines Tieres, wurde ein weiterer wichtiger Filter eingebaut. Untersuchungen auf Grauen Star werden auf freiwilliger Basis empfohlen.

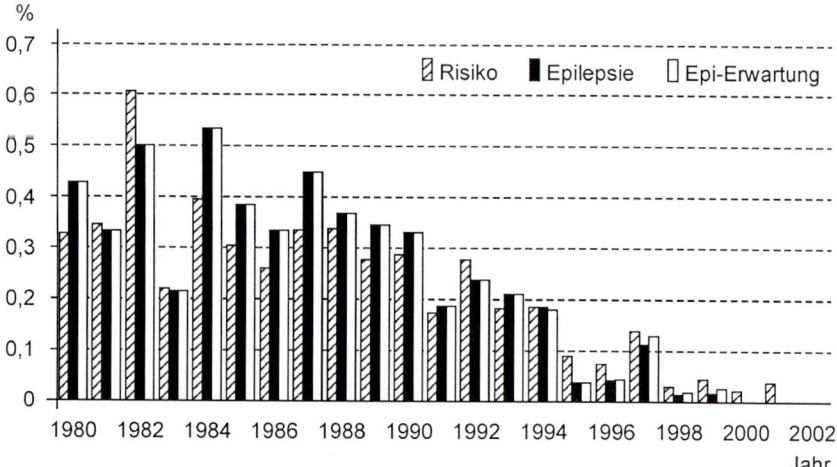

Abb. 67: Epilepsierisiko und –fälle haben in den letzten Jahren deutlich abgenommen (aus wuff 2002/2).

Erworbene Krankheiten

In einem langen Hundeleben kann ein Halter mit den verschiedensten Krankheiten oder auch Unfällen konfrontiert werden. Deshalb wären Grundkenntnisse in erster Hilfe für den Hund nützlich. Hierzu gibt es gute Fachliteratur (siehe Literaturverzeichnis).

Einige **Warnsignale** bei deren Auftreten sie den Tierarzt aufsuchen müssen bzw. sollten:

1. Die Temperatur steigt über 39,5°C.

2. Außergewöhnlicher Durst, der über mehrere Tage besteht.

3. Durchfall, der auch bei Diät nicht aufhört oder mit Blut vermischt ist.

4. Urin ist mit Blut vermischt.

5. Der Kopf wird ständig geschüttelt oder die Ohren gekratzt.

6. Die Augen tränen beständig, oder es besteht eitriger Ausfluß.

7. Wiederholtes Erbrechen ohne erlittenen Streß. (Wird hastig ausgewürgtes Futter wieder genüßlich aufgefressen, liegt meist keine Krankheit zugrunde.)

8. Der Hund wirkt plötzlich ohne vorherige Anstrengung apathisch und die Schleimhäute sind blaß.

9. Länger anhaltende Appetitlosigkeit oder Futterverweigerung.

Um bei Ihrem Hund die individuelle Normaltemperatur (Normalwerte zwischen 38,3 - 39,2°C) festzustellen, sollten Sie schon beim Junghund gelegentlich Temperatur messen. Erstens kennt er dann schon die unangenehme Prozedur und sträubt sich nicht, wenn es darauf ankommt. Zum anderen wissen Sie genauer, wann es bei Ihrem Hund kritisch wird.

Der alte Hund

Wir alle wünschen uns ein hohes Alter unserer liebgewordenen Begleiter, aber auch beim Hund treten Altersprobleme auf, die wir beachten müssen. Beim Kromfohrländer muß man, wie bei allen mittelgroßen Rassen, ab dem achten oder neunten Lebensjahr mit den ersten Alterserscheinungen rechnen. Das Alter hat ganz unterschiedliche Gesichter. Beim einen lassen zuerst die Sinnesorgane nach. Die Augen werden trüber, die Aufmerksamkeit läßt nach und auch die Nase verfolgt eine Spur nicht mehr so zuverlässig. Da unsere Hunde nicht zur Jagd müssen, ist das nicht weiter tragisch. Ein Hund kommt auch mit nachlassenden Sinnen im familiären Umfeld ganz gut zurecht. Auffälliger wird eine nachlassende Herzfunktion. Der Hund ermüdet dann schneller, verträgt keine Hitze mehr, wird nachts unruhiger oder hustet unerklärlich. Hier kann eine medikamentöse Therapie Linderung bringen.

Die Nieren lassen langsam in ihrer Funktion nach, zeigen Warnsignale aber erst, wenn es fast zu spät ist. Sogar Diabetes ist in der Tierarztpraxis kein unbekanntes Krankheitsbild. Deshalb bieten viele Tierärzte sogenannte Seniorenchecks an. Dies ist eine gute Sache, weil im Vorfeld Probleme abgefangen, medikamentös behandelt oder durch geeignete Diäten gebessert werden können.

Abb. 68: Verdiente Ruhe (Foto: C. BERG).

Beeinträchtigend äußern sich Bewegungsstörungen durch Arthrose, die bei unseren sprungfreudigen, verspielten Hunden besonders auffallen. Auch Zahnverluste oder Vereiterungen können beim alten Hund auftreten und müssen tierärztlich behandelt werden. Das Futter sollte dann in entsprechend weicher Konsistenz angeboten werden.

Im Normalfall erlebt man bei seinem Hund einen ruhigen Lebensabend, alles eben in reduziertem Tempo. Es besteht ja besonders zwischen einem alten Hund und seinem Herrn eine wunderbare wortlose Verständigung und eine sehr enge Beziehung. Wer dann seinem alten Hund noch einen kleinen Kameraden zugesellt, hat ihm nicht nur einen Jungbrunnen ins Haus geholt, sondern macht auch sich selbst den Abschied, der nun mal unweigerlich kommen wird, etwas leichter.

12 Hausapotheke

Die Homöopathie ist die andere Art der Heilkunst. Sie unterdrückt nicht die Krankheit, sondern bewirkt, daß der Körper seine Immunabwehr einsetzt und so eine wirkliche Heilung erreicht.

Nach diesem Prinzip werden seit vielen Jahren auch Hunde, speziell Kromfohrländer, behandelt. Daß die Mittel bei den Hunden wirken, widerlegt zugleich die gern gebrauchte These, daß Heilerfolge mit Homöopathie auf den Placebo-Effekt zurückzuführen seien.

Die Mittel arbeiten in hochverdünnter (potenzierter) Form wie Katalysatoren. Sie beschleunigen sozusagen die Krankheit bis zur endgültigen Wiederherstellung der Gesundheit. Hierbei ist als Gesundheit eine Harmonisierung der Lebenskräfte des Individuums zu verstehen.

Die homöopathischen Mittel werden aus der gesamten Pflanzen- und Tierwelt und dem Mineralreich genommen. Sie werden durch Verschütteln in eine hochpotenzierte Form gebracht. Die Entscheidung, welches Mittel anzuwenden ist, richtet sich ausschließlich nach den Symptomen der Erkrankung. Das ist eine andere Art der Diagnose und führt dazu, daß der katalytische Anstoß als Schlüssel den Weg zur Genesung öffnet.

Einige probate Mittel sollten für den Hund in der Hausapotheke vorrätig sein. So kann man sie in Notfällen sofort einsetzen, ohne die Gefahr einer Schädigung. Denn wenn das Mittel, also der Schlüssel, nicht paßt, öffnet er die Tür nicht. Es gibt keine Nebenwirkungen, obgleich die Vielzahl der Eigenschaften eines einzigen Mittels für den Laien verwirrend erscheint.

Hilfe mit homöopathischen Mitteln bei:

Verspringen, Zerrungen	Rhus toxicodrendon D 4, Bryonia D 4
Kleine Wunden	Arnika D 4
Eiternde Wunden dazu	Pyrogenium D 30
Ekzeme, allergisch	weizenfreie Nahrung
Aufreiten der Hündinnen	Murex D 8
Aufreiten der Rüden	Platinum D 30

Eifersucht	Hyoscyamus D 200
Angst	Mimulus Bachblüten
Angstbeißer	Cherry Plum Bachblüten
Heimweh	Ignatia D 200
Ekzeme und Jucken	Sulfur D 6
Husten	Phosphor D 6 + Bryonia D 6
Reisekrankheit mit Unruhe	Nux vomica D 30
Reisekranheit mit Übelkeit	Cocculus D 4
Leberschäden	Leptandra

Es gibt noch so viele Mittel; jede Störung hat ihr eigenes Gesicht und benötigt die ganz spezifische Pflanze. Die homöopathischen Mittel beseitigen nicht nur die Symptome; sie helfen dem Körper zur Selbstheilung. Die Häufigkeit und die Menge hängen ab vom akuten oder chronischen Verlauf.

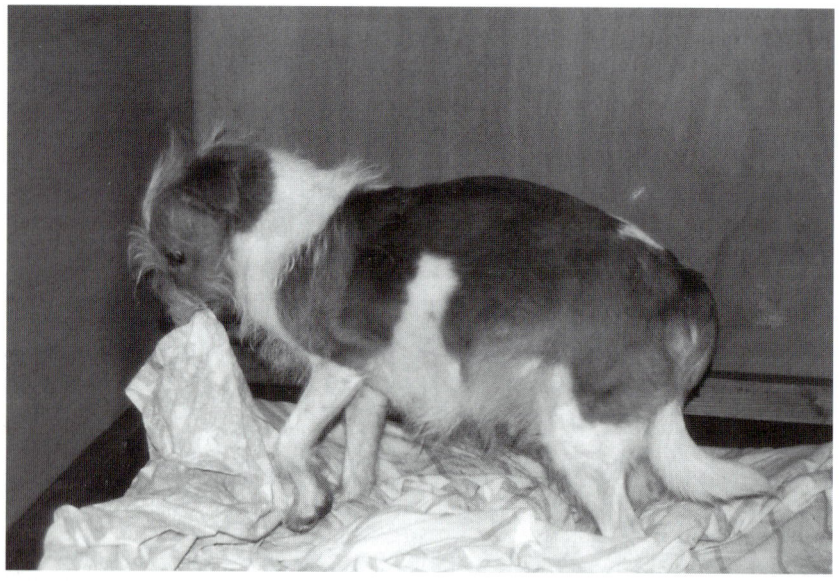

Abb. 69: Pulsatilla D 3 unterstützt den Geburtsvorgang (Foto: E. v. WESTARP).

13 Literaturhinweise

ALDINGTON, E. H. W. (1996): Von der Gesundheit des Hundes. – Verlag Gollwitzer, Weiden.

BECVAR, H. (1994): Brevier neuzeitlicher Hundezucht. – Verlag Paul Haupt, Bern.

BERGELER, R. (1986): Mensch und Hund. – Köln.

CRAMM, E. V. & E. BAUERSFELD (1999): Die schnelle feine Hundeküche. – Weltbildverlag.

FROST, B. (2002): Naturnahe Ernährung für Hunde. – Emu-Verlags-GmbH, Lahnstein.

GEBHARD, H. (1978): Du armer Hund. – Goldmann Verlag.

HARTMANN/STEIDL (1998): Patient Hund. – Oertel+Spörer, Reutlingen.

KLINKENBERG, T. (1985): Hundeerziehung ohne Zwang. – Melsungen.

KÖNIG, K. F. (1973): Haustierschaft. – Rotenburg.

LORENZ, K. (1973): So kam der Mensch auf den Hund. – dtv.

MEYER, H. & J. ZENTEK (1996): Hunde richtig füttern. – Verlag Eugen Ulmer, Stuttgart.

MÜHLBAUER, B. (2001): Hunde richtig massieren – Cadmos Verlag.

NIEMAND, H. G. & P. F. SUTER (2001): Praktikum der Hundeklinik. – Parey-Verlag, Berlin.

PALMER, J. (1982): Die schönsten Rassehunde in Farbe. – R. Müller, Köln.

RAKOW, B. (1999): Der homöopathische Hundedoktor. – Kosmos Verlag.

SCHEFFER, M. (1981): Bachblütentherapie, Hugendubel. – München.

SCHEFFER, M. (1995): Seelische Gesundheitsvorsorge für unsere Haustiere.

SCHNEIDER-LEYER (1960): Die Hunde der Welt. – Müller - Rüschlikon.

SPANGENBERG, R. (1995): Hundekrankheiten erkennen und behandeln. – Falken-Verlag, Niedernhausen.

STEIN, L. (1993): Kynos Hundekochbuch. – Kynos Verlag, Mürlenbach.

STREITFERDT, U. (2000): Mein kranker Hund. Erste Hilfe – Behandlung – Pflege. – Gräfe & Unzer Verlag, München.

TELLINGTON-JONES, L. (1993): Der neue Weg im Umgang mit Tieren. – Kosmos.

TRUMLER, E. (1986): Der schwierige Hund. – Kynos Verlag, Mürlenbach.

WOLFF, H. G. (1977): Unsere Hunde - gesund durch Homöopathie. – Sonntag, Regensburg.

ZIMEN, E. (1978): Der Wolf. – München.

Abb. 70: *Sunny vom Antareshof* bei der »Endredaktion« (Foto: A. WOLTHUSEN).